「共創の時代」の教育制度論

幼児教育・保育から生涯学習まで

星野 敦子〈編著〉

桶田 ゆかり・近藤 有紀子〈著〉

学文社

はじめに

　ここ数年の間に，教育や子どもにかかわる制度は大きく変化しています。多様にみえるこの変化が，じつは1つの目的に向かっていることは，意外とわかりにくいかもしれません。その目的とは2006年に改正された教育基本法がめざす形であり，「生涯学習社会を基盤とする地域と学校，家庭が連携した社会」を創造することです。これまでのように，「学校での学びや活動」「公民館や図書館，博物館，児童センターなどでの学びや活動」「家庭で学び」「保育所や学童での家庭機能の代替」を分断することなく，一生を通じた学びを，まさに「切れ目のない」形で実現するために，教育制度改革が進められています。

　「生涯教育」は，1965年のユネスコの成人教育推進委員会において，ポール・ラングランにより提唱された学びの形であり，原語は「lifelong integrated education」です。「integrated」（統合された）とは，時間軸と空間軸の統合を意味しています。人の一生を貫く時間と，その人がかかわるさまざまなコミュニティ（生まれた家庭，育まれた地域社会，保育所や幼稚園，学校や職場など）との統合です。

　本書はこのような時代において，教育や子どもにかかわるすべての人のために書かれたテキストです。保育士や教員をめざす方，図書館司書・学芸員・社会教育主事など，社会教育にかかわる専門職をめざす方だけでなく，地域コミュニティにおいてリーダーとして活動される方，子育て支援にかかわっている方，高齢者支援や障がい者支援にかかわっている方にもぜひご一読いただきたいと思っています。

　タイトルにある「共創の時代」は，学校教育と社会教育，家庭教育，そしてこれらのどの枠にも入らない自由で開放された学びの場，そこにかかわる人たちが，"子どもたちにどのような資質を身につけさせたいか，どのような人材を育成したいのか，またこれからどのような社会を創っていきたいのか"という願いを共有し，ともに明るい未来を創っていきたいとの思いを込めてつけた

ものです。

　本書は全 12 章から成り立っており，「教育・保育制度」「教員・保育士」「生涯学習・社会教育制度」「学校・家庭・地域の連携」の 4 つの内容で構成されています。そして，すべての方に最初に読んでいただきたいのは，「第 10 章　社会に開かれた学校・保育所」です。第 10 章の導入部で書いたように，国連が打ち出した「持続可能な開発目標（SDGs：Sustainable Development Goals）」をあげるまでもなく，今や，地球規模で目標を共有し，課題に取り組まなければ生き残れない時代を迎えつつあるのです。そのことを認識したうえで，皆さんが活動するフィールドでの取り組みを改めて考えてほしいと思います。このような観点から，専門性や職業にかかわらず，すべての方にすべての章をお読みいただきたい，これが著者としての願いです。

　私は，10 年以上地域活動に直接たずさわってきました。きっかけは東日本大震災の支援活動で，その後，子どものための自然体験や地域の自然環境保全活動など，多くの学生や地域の方たちとの活動はとても楽しく充実したものでした。活動を通して，社会の多様化が進むなか，さまざまな意味での格差もまた拡大してきたことを，身をもって実感しています。格差を解消するために，法制度も徐々に整備されています。しかしながら，いま苦しんでいる人たちを支えているのは，地域で地道に活動しているたくさんの方たちです。こうしたインフォーマルな活動とフォーマルな「制度」との間に橋を架けるのも私たちの仕事であると思っています。

　最後になりましたが，本書の刊行にあたり，学文社の二村和樹さんにたいへんお世話になりました。数年間温めていた本書の構想を，熱心に聞いてくださって，刊行に至るまで，有益なご意見，ご助言をたくさんいただきました。この場をお借りして心よりお礼申し上げます。

2021 年 8 月

星野　敦子

目　　次

第1章
教育制度と教育の基本原理

　戦後すぐに制定された教育基本法が，2006年に改正されました。この改正により，国の教育行政の役割は「全国的な教育の機会均等と教育水準の維持向上を図るため，教育に関する施策を総合的に策定し，実施すること」と明記されました。さらに学校教育だけでなく，社会教育や家庭教育を含むさまざまな面で変化が生じています。本章では，現在の教育制度の根幹となっている教育基本法改正の意義を理解し，公教育の基本原理とわが国の教育制度の特徴について考えることで，教育制度とは何かを概観することを目的としています。

1．教育制度とは

　「教育制度」とは教育にかかわるさまざまな「制度」のことであり，これらの制度は基本的に「法律」により定められている。制度を変えるためには法律を変える必要があり，また法律が変わればそれに合わせて制度や運用の仕方を変えていく必要がある。

　本書では，「教育制度」を以下の6つの観点から捉えている。

> ① 教育行財政に関する制度
> ② 学校（幼稚園含む）に関する制度
> ③ 保育所・こども園に関する制度
> ④ 社会教育（公民館，博物館，図書館など）に関する制度
> ⑤ 教員，保育士，学芸員，図書館司書などに関する制度
> ⑥ 子どもに関する制度（子どもの権利，貧困問題など）

　現代社会において「教育制度」を語るとき，最も重要な点は，従来別々に定められ直接関係がないようにみえていたこれらの制度が，互いに関連づけられており，そこに有機的な相互作用が起きているという点である。たとえば，「学校教育」と「社会教育」はそれぞれ制度としては別のものであるが，2008年の博物館法改正により「博物館が行う事業として社会教育における学習の機会を利用して行った学習の成果を活用して行う教育活動等の機会を提供・奨励する事項を加える」とされたことを受け，学校に対する学習機会の提供が行われるようになっている。この改正は，2006年の教育基本法改正に影響されて行われたものである。

　学校と保育所についても，「育成すべき資質」を共有しており，いずれも地域社会の連携拠点となるべき施設として位置づけられている。放課後の子どもの居場所については，厚生労働省管轄の「放課後児童クラブ」(学童)に加えて文部科学省管轄の「放課後子ども教室」が設置され，現在では両者を統合的に運営する「放課後子ども総合プラン」が推進されている。制度の違いには，「管轄の違い」が伴うが，連携協働をめざす現代社会においては，従来の管轄を超えた制度のあり方が模索されている。

　以上のように，制度について学ぶ際には，「独立した単独の制度」としてではなく，ほかの制度とどのように関連しているか，社会における課題を解決するためにその制度がどのようにかかわっているかを常に考えることが重要である。

2．憲法・教育基本法と教育の基本原理
（1）日本国憲法と教育を受ける権利

　1946年に日本国憲法が公布され，その翌年の1947年には教育基本法が制定された。戦後の教育制度の構築においては，「米国教育使節団報告書」(ミッションレポート)が大きな影響を及ぼしたといわれている。

　憲法においては，「教育を受ける権利」「義務教育の無償性」が以下のとおり明記されている。

> **日本国憲法　第二十六条**
> すべて国民は，法律の定めるところにより，その能力に応じて，ひとしく教育を
> 　受ける権利を有する。
> 2　すべて国民は，法律の定めるところにより，その保護する子女に普通教育を
> 　受けさせる義務を負ふ。義務教育は，これを無償とする。

「教育を受ける権利」の基礎となる理念は，「個人の尊重」および「法の下の平等」である。

> **日本国憲法**
> **第十三条**　すべて国民は，個人として尊重される。生命，自由及び幸福追求に対
> 　する国民の権利については，公共の福祉に反しない限り，立法その他の国政の
> 　上で，最大の尊重を必要とする。
> **第十四条**　すべて国民は，法の下に平等であつて，人種，信条，性別，社会的身
> 　分又は門地により，政治的，経済的又は社会的関係において，差別されない。

（2）教育基本法改正の意義

　教育基本法が，2006年におよそ60年ぶりに改正された。【改正後】教育基本法の特徴は，以下のとおりである。

> ① 「条件整備論」から「教育政策論」への転換
> ② 伝統・文化の尊重と愛国心の重要性
> ③ 公共の精神・道徳心の育成
> ④ 家庭教育も教育行政の管轄であることを明記
> ⑤ 「教員」に関する施策の強化

　「条件整備論」とは教育行政の権限を「教育の条件整備」に限定するもので，教育の内容には及ばない。これに対して「教育政策論」とは教育行政の権限が教育の内容にまで及ぶとするもので，教育政策を実現することこそが教育行政機関の仕事であると捉える。わが国は戦前から「教育政策論」の立場であったが，戦後アメリカの指導の下で，「条件整備論」への転換を余儀なくされた。

　しかしながら，実際には「教育政策論」の立場をとり，中央教育行政機関で

ある文部科学省の指導助言に基づいて教育行政を行ってきた。このような現状に沿った教育基本法に改正することは，わが国にとっては自然な流れであった。教育基本法第16条には，国の役割として「教育に関する施策を総合的に策定し，実施しなければならない」と明記されている。

教育基本法　第十六条

教育は，不当な支配に服することなく，この法律及び他の法律の定めるところにより行われるべきものであり，教育行政は，国と地方公共団体との適切な役割分担及び相互の協力の下，公正かつ適正に行われなければならない。

2　国は，全国的な教育の機会均等と教育水準の維持向上を図るため，教育に関する施策を総合的に策定し，実施しなければならない。

3　地方公共団体は，その地域における教育の振興を図るため，その実情に応じた教育に関する施策を策定し，実施しなければならない。

（3）教育の基本原理

近代公教育の基本原理としては，①義務性，②無償性，③中立性の3つがある。これらは法律でどのように定められているのであろうか。

① 義務制

日本国憲法第26条に定められているように，国民は子どもに普通教育を受けさせる義務を負っている。教育基本法では，第5条に定められている。

教育基本法　第五条

国民は，その保護する子に，別に法律で定めるところにより，普通教育を受けさせる義務を負う。

2　義務教育として行われる普通教育は，各個人の有する能力を伸ばしつつ社会において自立的に生きる基礎を培い，また，国家及び社会の形成者として必要とされる基本的な資質を養うことを目的として行われるものとする。

3　国及び地方公共団体は，義務教育の機会を保障し，その水準を確保するため，適切な役割分担及び相互の協力の下，その実施に責任を負う。

ここでは，子に普通教育を受けさせる義務に加え，普通教育の目的，また教育機会の保障についても述べられている。【改正前】教育基本法には，さらに

義務教育の年限が9年間であることも明言されていたが，改正時にこの表記が削除された。年限については，以下のとおり学校教育法に示されている。

> **学校教育法　第十六条**
> 保護者は，次条に定めるところにより，子に九年の普通教育を受けさせる義務を負う。

② 無償性

憲法26条には「義務教育は，これを無償とする」と定められている。教育基本法には，より具体的な表記がみられる。

> **教育基本法　第五条**
> 4　国又は地方公共団体の設置する学校における義務教育については，授業料を徴収しない。

わが国における「義務教育の無償」とは「授業料が無償」（私立学校を除く）であるということである。教科書については別途，教科書の無償措置に関する法令により無償配布を行っている。授業料や教科書以外にも学用品，体操着，修学旅行費など教育にかかる費用は多くある。経済的な理由によって教育を受ける機会が奪われることがないように，就学支援などの制度も設けられている。

③ 中立性

公教育における中立性とは，「宗教的中立」および「政治的中立」を意味している。教育基本法においては，以下のように定められている。

> **教育基本法**
> **第十四条**　良識ある公民として必要な政治的教養は，教育上尊重されなければならない。
> 2　法律に定める学校は，特定の政党を支持し，又はこれに反対するための政治教育その他政治的活動をしてはならない。
> **第十五条**　宗教に関する寛容の態度，宗教に関する一般的な教養及び宗教の社会生活における地位は，教育上尊重されなければならない。
> 2　国及び地方公共団体が設置する学校は，特定の宗教のための宗教教育その他宗教的活動をしてはならない。

「特定の宗教のための宗教教育」は，私立学校においては認められており，道徳の代わりに宗教教育を行うことができることになっている。これに対して，「特定の政党を支持し，又はこれに反対するための政治教育」については，私立，公立を問わず禁止されている。また「政治的教養は尊重されなければならない」とされており，近年では主権者教育の重要性も指摘されている。

3．日本の教育制度の特徴

（1）学校体系

図 1 - 1 は，わが国の学校系統図である。戦前は義務教育が 6 年間であり，小学校卒業後は複数の進路に分かれる「分岐型」であった。戦後は義務教育が 9 年となり，「単線型」となっている。6-3-3 制といわれてきたが，1998 年に 6 年制の「中等教育学校」が，2015 年には 9 年制の「義務教育学校」が新たに設置されるなど制度の多様化が進んでいる。障がい児のための教育制度も，2007 年に「特別支援学校」として一本化されている。学校教育法で定められている，いわゆる「一条校」は，以下に示すとおりである。

> 学校教育法　第一条
> この法律で，学校とは，幼稚園，小学校，中学校，義務教育学校，高等学校，中等教育学校，特別支援学校，大学及び高等専門学校とする。

（2）年齢主義

わが国の学校制度は，「年齢主義」をとっている。義務教育年限は年齢によって定められており，たとえば不登校でほとんど学校にいなくても，一定の年齢になると義務教育を修了するし，落第もない。戦前は「課程主義」であり，一定の成績を修めて単位を取得しないと進級も卒業もできなかった。

「秋期入学制度」の導入が話題になって久しいが，現在のところは「4 月入学制度」を採用している。1 つの学年を構成しているのは 4 月 2 日生まれから翌年の 4 月 1 日生まれの児童・生徒である。わが国には「年齢計算ニ関スル法

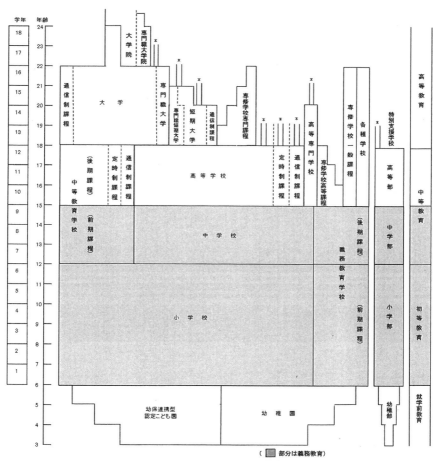

図1-1　日本の学校系統図（2019）

出典：文部科学省「諸外国の教育統計　平成31（2019）年版」

律」（1902（明治35）年公布）があり、それによると「前日の24時をもって加齢される」ことになるため、4月1日生まれの子は、3月31日24時には満6歳となり、その年の4月には小学校に入学する。

学校教育法　第十七条

保護者は，子の満六歳に達した日の翌日以後における最初の学年の初めから，満十二歳に達した日の属する学年の終わりまで，これを小学校，義務教育学校の前期課程又は特別支援学校の小学部に就学させる義務を負う。ただし，子が，満十二歳に達した日の属する学年の終わりまでに小学校の課程，義務教育学校の前期課程又は特別支援学校の小学部の課程を修了しないときは，満十五歳に達した日の属する学年の終わり（それまでの間においてこれらの課程を修了したときは，その修了した日の属する学年の終わり）までとする。

2　保護者は，子が小学校の課程，義務教育学校の前期課程又は特別支援学校の小学部の課程を修了した日の翌日以後における最初の学年の初めから，満十五歳に達した日の属する学年の終わりまで，これを中学校，義務教育学校の後期課程，中等教育学校の前期課程又は特別支援学校の中学部に就学させる義務を負う。

（3）法律主義

　戦後の教育制度は，法律主義により成り立っている。すなわち，すべての制度は法律に基づいてつくられ，運用されている。法律をつくるのは議員であり，議員は国民によって選挙で選ばれることから，法律主義は民主主義を実現するための手段であるともいえる。これに対して戦前は「勅令主義」（命令主義）であり，制度は「勅令」（天皇陛下のご命令）により決定されていた。

　法律は成立するまでにある程度の時間がかかるため，緊急の場合には必要な対応が間に合わない。たとえば麻疹が流行し，教育実習に行く前に必ず抗体検査をさせたいが，対応する法律がないとき，国会で法律が成立するまで待っていたら麻疹の感染を抑えることはできない。このような場合には文部科学省が「通達」を出して対応するのが一般的である。「通達」は法律ではないが，教育制度上は法的拘束力を有するものと考えられる。

　また，法律によってはどのようにも解釈ができるように，きわめてシンプルな表現を採用しているものもある。代表的なものとして学校教育法第 11 条（体罰禁止規定）がある。このような法律は判例の影響が大きく，判例により法律の解釈に影響を受ける。

> **学校教育法　第十一条**
> 校長及び教員は，教育上必要があると認めるときは，文部科学大臣の定めるところにより，児童，生徒及び学生に懲戒を加えることができる。ただし，体罰を加えることはできない。

（4）中央集権制

　戦後すぐに公布された「教育基本法」は教育制度の地方分権をめざすものであったが，わが国では一貫して「中央集権制」を採用している。唯一の中央教育行政組織である「文部科学省」のもとで，教育課程の基準として，全国共通の学習指導要領に基づいたカリキュラムを実践しており，原則として日本中どこに行っても同じ学年であれば同じカリキュラムを履修している。また教員採用は都道府県単位で行っており，地域間格差が生じないような教員の配置を行っている。このような制度的特徴は，教育の機会均等を実現し，平等な競争を促すことで学力の向上を図るものである。

　いっぽうで，近年は経済格差の学力格差への影響や子どもの貧困問題などが表面化し，大きな社会問題となっている。

（5）指導助言行政

　教育行政は，戦前は「監督行政」（教育活動の監視を通して，国の教育方針を徹底させるのが目的）であったが，戦後は「指導助言行政」となっている。文部科学省と教育委員会，学校などが「指導助言関係」にあり，命令や監督は行わない。学校に対する指導・助言を行うのは主として教育委員会の専門的職員である指導主事である。指導主事の職務については，「地方教育行政の組織及び運営に関する法律」（地教行法）に定められている。

> **地教行法　第十八条**
> 3　指導主事は，上司の命を受け，学校における教育課程，学習指導その他学校教育に関する専門的事項の指導に関する事務に従事する。
> 4　指導主事は，教育に関し識見を有し，かつ，学校における教育課程，学習指

導その他学校教育に関する専門的事項について教養と経験がある者でなければならない。指導主事は，大学以外の公立学校の教員をもつて充てることができる。

　戦前には文部省直轄の「視学官」が全国の学校を視察し，管理監督を行っていたが，指導主事による指導体制が整ったことで「指導・助言行政」が実現した。公立学校の教員が指導主事として職務を行うことも多く，これを「充て指導主事」という。

参考・引用文献
文部科学省（2019）「諸外国の教育統計」平成 31 年版

本章の課題

1．教育基本法が改正されたことで，わが国の教育行政のあり方がどのように変わったか，改正前後で比較してみましょう。
2．法律主義の利点と課題について考えてみましょう。

第2章
学校教育制度

　わが国の学校制度は公平性を保証し，教育の機会均等をめざしています。社会の多様化が進むなか，経済格差や障がいにより，十分な学びの機会を得られない児童・生徒に対して，どのような制度があり，またそこにどのような課題があるのでしょうか。

　本章では，学校教育制度の特徴を理解し，共生社会を構築するための教育改革の流れのなかで，就学支援のための制度や障がいのある児童・生徒のための特別支援教育制度について学び，インクルーシブ教育の構築に向けての課題を認識することを目的としています。

1．学校体系と学校の種類

（1）学校体系の類型

　学校体系の類型としては，「複線型」「分岐型」および「単線型」の3類型がある（図2-1）。「複線型」は，年齢の低い段階から複数の学校体系が独立しているもので，どの体系に属するかは社会階層により決定されることが多い。イギリスの学校体系（図2-2）は典型的な複線型で義務教育段階から3つの体系に分かれており，伝統的な大学への進学はパブリックスクールやアッパースクールを経由し

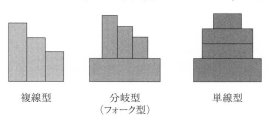

複線型　　　分岐型　　　単線型
　　　　　（フォーク型）

図2-1　学校体系の類型

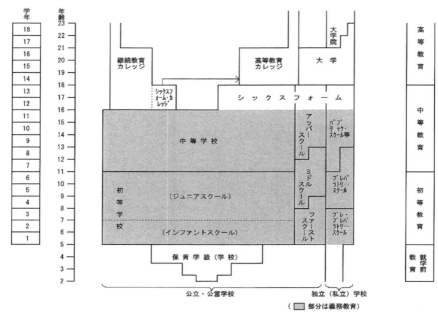

図2-2 イギリスの学校系統図 (2019)

出典：文部科学省（2019a） 以下，図2-3・2-4とも同じ

ないとむずかしい。

　「分岐型」は初期の義務教育段階は共通で，その後進路に応じて体系が分岐するものである。「フォーク型」といわれることもある。図2-3はドイツの学校体系を示している。6〜10歳までは共通であり，その後約2年の観察指導段階を経て3つの体系に分かれる。総合大学まで進みたいなら「ギムナジウム」に進む必要がある。一部「総合制学校」も導入されているが，ドイツでは伝統的に12歳で分岐するシステムが一般的である。進路を試験などで分けることはせず，時間をかけてしっかりと考えるために，2年間の観察指導期間を設けている。

　「単線型」は教育の機会均等を重視したシステムで，義務教育段階は共通である。高等教育では分岐もあるが，編入や転学などが利用できる柔軟なシステ

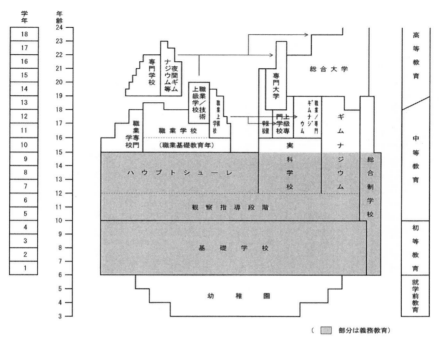

図2-3 ドイツの学校系統図（2019）

ムとなっていることが多い。

　図2-4はアメリカの学校体系で，単線型をとっている。地方分権であるため州や学校区により異なるが，元来は多くの学校で6-3-3制をとっており，わが国も戦後これに倣って学校系統をつくった。現在は5-3-4制が一般的であるが，それ以外の制度もあり，多様化が進んでいる。高等教育では，2年制大学から4年制のリベラルアートカレッジや総合大学への編入制度も充実している。

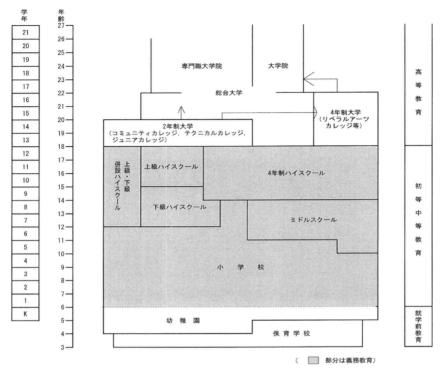

図2-4　アメリカの学校系統図（2019）

（　▨　部分は義務教育）

（2）学校の種類

① 法律に定める学校

　教育基本法第6条には「法律に定める学校」ならびに学校教育について，以下のように定められている。

教育基本法　第六条

　法律に定める学校は，公の性質を有するものであって，国，地方公共団体及び法律に定める法人のみが，これを設置することができる。

2　前項の学校においては，教育の目標が達成されるよう，教育を受ける者の心身の発達に応じて，体系的な教育が組織的に行われなければならない。この場

　　合において，教育を受ける者が，学校生活を営む上で必要な規律を重んずるとともに，自ら進んで学習に取り組む意欲を高めることを重視して行われなければならない。

　「法律に定める学校」とは，学校教育法第 1 条に定められた学校をさしており，「一条校」と呼ばれている。これらの学校は「公の性質を有する」とあるように，国や地方公共団体から財政的な支援を受けており，文部科学省の所轄で厳格な管理を受けている。

　1999 年より設置が進んでいる「中高一貫教育」は，中等教育の多様化を推進し，個性に応じた教育をめざした中高一貫教育を実現することを目的としており，以下の 3 つの形態がある。

　1 ）中等教育学校：1 つの学校として，一体的に中高一貫教育を行う。
　2 ）併設型：高等学校入学者選抜を行わずに，同一の設置者による中学校と高等学校を接続する。
　3 ）連携型：市町村立中学校と都道府県立高等学校など，異なる設置者間でも実施可能な形態。中学校と高等学校が，教育課程の編成や教員・生徒間交流等の連携を深めるかたちで中高一貫教育を実施する。

　2016 年度からは小中一貫教育も始まり，従来の小学校と中学校の課程を一体化した「義務教育学校」が一条校に追加された。中等教育と同様に「義務教育学校」以外に併設型と連携型がある。

　② **専修学校・各種学校**

　専修学校については，学校教育法に以下のように定められている。

学校教育法　第百二十四条
第一条に掲げるもの以外の教育施設で，職業若しくは実際生活に必要な能力を育成し，又は教養の向上を図ることを目的として次の各号に該当する組織的な教育を行うものは，専修学校とする。
　一　修業年限が一年以上であること。
　二　授業時数が文部科学大臣の定める授業時数以上であること。
　三　教育を受ける者が常時四十人以上であること。

対象者の違いにより，高等課程，専門課程，一般課程の３つの課程があり，専修学校の専門課程（高校卒業者を主対象とするもの）は一般に「専門学校」と呼ばれている。

各種学校は「学校教育に類する教育を行うもの」であり，予備校，自動車学校，外国人学校などがある。専修学校と同様，文部科学省の所轄である。

③ 学校教育法以外の法律で規定された学校

幼稚園が「一条校」であるのに対し，保育所，乳児院などは「児童福祉法」で規定された「児童福祉施設」である。また「幼保連携型認定こども園」は，「学校かつ児童福祉施設」であり，内閣府が管轄するが，文部科学省や厚生労働省とも連携している。

そのほかの法律で規定されているものとしては，防衛大学校（防衛省），気象大学校（国土交通省），自治大学校（総務省）など国が設置しているもの，水産大学校（農林水産省所管の国立研究開発法人水産研究・教育機構）など，独立行政法人が設置しているものなどがある。

２．義務教育制度

（１）義務教育の目的・目標

憲法において保障されている「教育を受ける権利」は，教育基本法第５条において，「普通教育を受けさせる義務」として具現化されている。また義務教育の無償についても憲法で規定されているが，無償の対象が授業料のみであることも，同条に示されたとおりである。

教育基本法　第五条
国民は，その保護する子に，別に法律で定めるところにより，普通教育を受けさせる義務を負う。
2　義務教育として行われる普通教育は，各個人の有する能力を伸ばしつつ社会において自立的に生きる基礎を培い，また，国家及び社会の形成者として必要とされる基本的な資質を養うことを目的として行われるものとする。
3　国及び地方公共団体は，義務教育の機会を保障し，その水準を確保するため，適切な役割分担及び相互の協力の下，その実施に責任を負う。

> 4　国又は地方公共団体の設置する学校における義務教育については，授業料を
> 　徴収しない。

　義務教育の目的は，第 2 項にあるように，「各個人の有する能力を伸ばしつ
つ社会において自立的に生きる基礎を培うこと」ならびに「国家及び社会の形
成者として必要とされる基本的な資質を養うこと」である。

　より具体的には，学校教育法第 21 条に「義務教育の目標」として，以下の
10 項目が示されている。

---

1 ）学校内外における社会的活動を促進し，自主，自律及び協同の精神，規範意
　　識，公正な判断力並びに公共の精神に基づき主体的に社会の形成に参画し，そ
　　の発展に寄与する態度を養うこと。
2 ）学校内外における自然体験活動を促進し，生命及び自然を尊重する精神並び
　　に環境の保全に寄与する態度を養うこと。
3 ）わが国と郷土の現状と歴史について，正しい理解に導き，伝統と文化を尊重
　　し，それらをはぐくんできたわが国と郷土を愛する態度を養うとともに，進ん
　　で外国の文化の理解を通じて，他国を尊重し，国際社会の平和と発展に寄与す
　　る態度を養うこと。
4 ）家族と家庭の役割，生活に必要な衣，食，住，情報，産業その他の事項につ
　　いて基礎的な理解と技能を養うこと。
5 ）読書に親しませ，生活に必要な国語を正しく理解し，使用する基礎的な能力
　　を養うこと。
6 ）生活に必要な数量的な関係を正しく理解し，処理する基礎的な能力を養うこ
　　と。
7 ）生活にかかわる自然現象について，観察及び実験を通じて，科学的に理解
　　し，処理する基礎的な能力を養うこと。
8 ）健康，安全で幸福な生活のために必要な習慣を養うとともに，運動を通じて
　　体力を養い，心身の調和的発達を図ること。
9 ）生活を明るく豊かにする音楽，美術，文芸その他の芸術について基礎的な理
　　解と技能を養うこと。
10）職業についての基礎的な知識と技能，勤労を重んずる態度及び個性に応じて
　　将来の進路を選択する能力を養うこと。

（2）教育課程

「学習指導要領」を教育課程の基準とすることで，国全体として共通の教育課程を実施することができる。これは教育の機会均等を実現する有効な手段となっている。「学習指導要領」は法律ではないが，以下に示す学校教育法施行規則により教育課程の基準として規定されている。

学校教育法施行規則

第五十条　小学校の教育課程は，国語，社会，算数，理科，生活，音楽，図画工作，家庭，体育及び外国語の各教科，特別の教科である道徳，外国語活動，総合的な学習の時間並びに特別活動によつて編成するものとする。

第五十二条　小学校の教育課程については，この節に定めるもののほか，教育課程の基準として文部科学大臣が別に公示する小学校学習指導要領によるものとする。

（3）教科書検定

学校教育法は，教科書（教科用図書）について以下のように規定している。

学校教育法　第三十四条

小学校においては，文部科学大臣の検定を経た教科用図書又は文部科学省が著作の名義を有する教科用図書を使用しなければならない。

「教科書検定」は文部科学省の権限であり，教科用図書として作成された図書の内容等を審査して，教育現場で利用できるか否かを認定するものである。これは教育水準の維持向上を目的としたものであるが，国の教育政策の実現と言論の自由などの観点も看過できない。

　市町村立の学校では，教科書の採択は市町村の教育委員会が行っている。国立や私立の学校では学校に採択権がある。教科書無償配布の対象となっているのは検定教科書（または文部科学省が著作の名義を有する教科書）のみである。

3．就学にかかわる制度

（1）就学期間と学校

　第 1 章でも述べているように，就学期間は「子の満 6 歳に達した日の翌日以後における最初の学年の初めから」「満 15 歳に達した日の属する学年の終わりの属する学年の終わりまで」の 9 年間と規定されている。義務教育段階の児童・生徒のことを，「学齢児童」または「学齢生徒」という。就学すべき学校を指定するのは市町村教育委員会であり，特別な事情がある場合には，保護者の申し立てにより指定された学校を変更することもある。たとえば通学路の途中に信号のない交通量の多い道路があって危険であるとか，いじめにより転校するといった事例もみられる。

　自治体によっては，「学校選択制」を導入しているところもある。これは就学すべき学校を 1 つに指定せず，選択できるようにする制度で，市町村内のすべての学校から選択できる場合（自由選択制）や，隣接している通学区の学校も選択できる場合（隣接区域選択制），従来の通学区域は残したままで特定の学校についてのみ選択できる場合（特認校制）など，導入の方法も自治体によりさまざまである。「学校選択制」は学校の特徴を生かし，特色ある学校づくりを通して児童・生徒の資質・能力を高めることがねらいである。

　学級編成については「標準学級数」「標準児童（生徒）数」が定められている。学級数は 1 学年当たり 2 ～ 3 学級が標準とされている。標準児童数（児童数の上限）は幼稚園・小学校 1 年生が 35 人，小学校・中学校が 40 人，特別支援学校が（小学校・中学校）が 6 人（特別支援学級は 8 人）と定められている。少子化の影響や「主体的・対話的で深い学び」の実践に向け，小・中学校の 1 学級当たりの児童・生徒数の引き下げが検討され，小学校は 2025 年度までに段階的に 1 学級当たり 35 人とすること，また中学校についても検討することが決まった。

（2）完全学校週 5 日制

　学校の休業日については，以下のように定められている。

> **学校教育法施行規則　第六十一条**
> 公立小学校における休業日は，次のとおりとする。ただし，第三号に掲げる日を
> 　除き，当該学校を設置する地方公共団体の教育委員会が必要と認める場合は，
> 　この限りでない。
> 　一　国民の祝日に関する法律に規定する日
> 　二　日曜日及び土曜日
> 　三　学校教育法施行令第二十九条第一項の規定により教育委員会が定める日

　わが国の学校は元来「週6日制」であったが，段階的な変更を経て，2002年より「完全学校週5日制」を実施している。これに先立ち，1998・1999年の学習指導要領改訂において，いわゆる「ゆとり教育」への移行が行われ，授業時数は約3割削減された。

　「完全学校週5日制」の導入は，子どもたちに「ゆとり」を確保するなかで，学校・家庭・地域社会が相互に連携しつつ，子どもたちに生活体験，社会体験や自然体験などさまざまな活動を経験させ，自ら学び自ら考える力や豊かな人間性などの「生きる力」を育むため（文部科学省，1996）であった。しかしながら，2008・2009年の学習指導要領改訂では，「脱ゆとり」政策による授業時数の増加が図られ，2017・2018年の学習指導要領ではほぼ削減前の水準に戻っている。このような状況のなかで，土曜日に学校行事を行う，公立の高等学校での土曜授業を認めるなど，柔軟な対応が進んでいる。公立学校の夏季休業や学期末休業などの長期休業日については，教育委員会が決定することになっている。私立学校については各学校で決めることができる。

（3）就学支援制度

　義務教育無償の対象は原則授業料のみであることから，経済的な理由によって就学に支障をきたすことがないように，学校教育法では以下のように規定されている。

> **学校教育法　第十九条**
> 経済的理由によつて，就学困難と認められる学齢児童又は学齢生徒の保護者に対

> しては，市町村は，必要な援助を与えなければならない。

　義務教育段階の就学援助の対象者には，①要保護（生活保護法第 6 条 2 項に規定する要保護者），②準要保護（①に準ずる程度に困窮していると認めるもの）の 2 種類があり，援助の主体は市町村であるが，①については国庫補助がある。②についても以前は国庫補助があったが，2005 年に補助が廃止された。

　補助対象品目のうち，学用品，新入学児童・生徒学用品，修学旅行費などは，ほとんどの自治体が対象としている。いっぽう，通学用品費は 8 割程度，体育実技用具費は 3 割程度と自治体により差がある。

　就学援助率（公立学校の全児童・生徒に対する要保護，準要保護者の割合）は，2011 年の 15.96％をピークにやや低下傾向にあるものの，15％前後を維持している（文部科学省，2020）。対象者の基準や対象項目などが自治体により異なり，都道府県の就学援助率格差も大きい。

　高等学校就学支援金制度は，高等学校，特別支援学校（高等部）および高等専門学校（1 〜 3 年）を対象とした授業料支援制度で，年収約 910 万円未満の世帯が対象となっており，およそ 8 割の生徒が利用している。2020 年度から，私立高校に通う生徒に対する支援制度が改正され，年収 590 万円未満の世帯に対する支援上限額が大幅に引き上げられている。また，生活保護世帯などを対象とした高校生等奨学給付金制度も利用できるようになっている。

（4）特別支援教育制度

① 制度改革の経緯

　2006 年に教育基本法が改正されたことが，特別支援教育のあり方に大きな影響を与えた。第 4 条には以下のように定められている。

> **教育基本法　第四条**
> すべて国民は，ひとしく，その能力に応じた教育を受ける機会を与えられなければならず，人種，信条，性別，社会的身分，経済的地位又は門地によって，教育上差別されない。

> 2　国及び地方公共団体は，障害のある者が，その障害の状態に応じ，十分な教育を受けられるよう，教育上必要な支援を講じなければならない。

　第2項をみると，「障がいのある者に対する教育上の支援」は義務である。これを受けて，2006年に学校教育法が改正され，翌年から特別支援教育の本格的実施がスタートした。学校教育法改正の概要は，以下のとおりである（文部科学省，2006）。

1）特別支援学校制度の創設
　　盲学校，聾学校および養護学校を特別支援学校とした。
2）特別支援学校の目的
　　特別支援学校の目的として，「視覚障害者，聴覚障害者，知的障害者，肢体不自由者又は病弱者（身体虚弱者を含む。）に対して，幼稚園，小学校，中学校又は高等学校に準ずる教育を施すとともに，障害による学習上又は生活上の困難を克服し自立を図るために必要な知識技能を授けること」と規定した。なお，第71条に規定する視覚障害者等の障害の程度は，政令で，これを定めることとした。
3）特別支援学校の行う助言又は援助
　　特別支援学校においては，第71条の目的を実現するための教育を行うほか，幼稚園，小学校，中学校，高等学校または中等教育学校の要請に応じて，教育上特別の支援を必要とする児童，生徒又は幼児の教育に関し必要な助言又は援助を行うよう努めるものとした。
4）小学校等における教育上特別の支援を必要とする児童等に対する教育
　　小学校，中学校，高等学校，中等教育学校及び幼稚園においては，教育上特別の支援を必要とする児童，生徒及び幼児に対し，障害による学習上又は生活上の困難を克服するための教育を行うものとした。
　　なお，「特殊学級」の名称を「特別支援学級」に変更するとともに，従前と同様，小学校，中学校，高等学校及び中等教育学校においては，これを設けることができることとした。
5）私立の盲学校，聾学校及び養護学校の設置に係る特例の廃止
　　当分の間，私立の盲学校，聾学校及び養護学校は，学校法人によって設置されることを要しないとする特例を廃止した。これに伴い，今後は，私立の幼稚園のみが当該特例の対象となる。

　2007年，わが国は「障害者権利条約」に署名した。「インクルーシブ教育シ

ステム」については，以下のとおり説明されている（文部科学省，2019b）。

> 　人間の多様性の尊重等の強化，障害者が精神的及び身体的な機能等を最大限度まで発達させ，自由な社会に効果的に参加することを可能とするとの目的の下，障害のある者と障害のない者が共に学ぶ仕組みであり，障害のある者が一般的な教育制度から排除されないこと，自己の生活する地域において初等中等教育の機会が与えられること，個人に必要な「合理的配慮」が提供される等が必要とされている。

「合理的配慮」とは，「障害者が他の者との平等を基礎として全ての人権及び基本的自由を享有し，又は行使することを確保するための必要かつ適当な変更及び調整であって，特定の場合において必要とされるものであり，かつ，均衡を失した又は過度の負担を課さないものをいう」（「障害者の権利に関する条約」日本政府公定訳，2014）。

2011 年には，障害者権利条約に対応するために「障害者基本法」が改正された。教育については，第 16 条に以下のとおり規定されている。

> **障害者基本法　第十六条**
> 国及び地方公共団体は，障害者が，その年齢及び能力に応じ，かつ，その特性を踏まえた十分な教育が受けられるようにするため，可能な限り障害者である児童及び生徒が障害者でない児童及び生徒と共に教育を受けられるよう配慮しつつ，教育の内容及び方法の改善及び充実を図る等必要な施策を講じなければならない。
> 2　国及び地方公共団体は，前項の目的を達成するため，障害者である児童及び生徒並びにその保護者に対し十分な情報の提供を行うとともに，可能な限りその意向を尊重しなければならない。
> 3　国及び地方公共団体は，障害者である児童及び生徒と障害者でない児童及び生徒との交流及び共同学習を積極的に進めることによつて，その相互理解を促進しなければならない。
> 4　国及び地方公共団体は，障害者の教育に関し，調査及び研究並びに人材の確保及び資質の向上，適切な教材等の提供，学校施設の整備その他の環境の整備を促進しなければならない。

これをみると，インクルーシブ教育の推進を基軸に，障がい児と保護者に対

表2-1　特別支援教育にかかわる施策や法改正

2013 年 9 月	・就学制度改正：本人の意思を尊重し「総合的判断」により決定 ・「認定就学制度」廃止
2014 年 1 月	・「障碍者権利条約」批准
2016 年 4 月 6 月 8 月	・「障害者差別解消法」施行：合理的配慮の法的義務化 ・「改正児童福祉法」施行：医療的ケア児の支援を推進 ・「改正発達障碍者支援法」施行：発達障がい児のインクルーシブ教育支援
2017 年 4 月	・「新特別支援学校幼稚部教育要領，小学部・中学部学習指導要領」公示
2018 年 2 月	・「心のバリアフリー学習推進会議」提言 ・とりまとめ：学校における交流及び共同学習の推進
2019 年 2 月 1 月 3 月	・「新特別支援学校高等部学習指導要領」公示 ・文部科学省「発達障害等のある子供達の学びを支える～共生に向けた「学び」の質向上プラン～公表 ・学校における医療的ケアの実施に関する検討会議「最終まとめ」

する十分な情報提供と意向の尊重ならびに教育方法・内容の改善が明確に示されている。2012 年には「共生社会の形成に向けたインクルーシブ教育システム構築のための特別支援教育の推進（報告）」により，就学先の決定のあり方や，学校現場における合理的配慮，多様な学びの場の整備などに関する具体的な提言がなされた（文部科学省，2012b）。その後，表2-1に示すとおり特別支援教育にかかわる施策や法改正が精力的に推進されている。

② 特別支援教育の現状

特別支援教育は，障がいの状況などに応じ，「特別支援学校」「特別支援学級」「普通学級（通級）」のいずれかで実施される（文部科学省，2019b）。

・特別支援学校：障害の程度が比較的重い子供を対象として教育を行う学校。公立特別支援学校（小・中学部）の1学級の標準は6人（重複障害の場合3人）。対象障害種は，視覚障害，聴覚障害，知的障害，肢体不自由，病弱（身体虚弱を含む）。
・特別支援学級：障害のある子供のために小・中学校に障害の種別ごとに置かれる少人数の学級（8人を標準（公立））。知的障害，肢体不自由，病弱・身体虚弱，弱視，難聴，言語障害，自閉症・情緒障害の学級がある。
・通級による指導：小・中学校の通常の学級に在籍する障害のある児童生徒に対

して，各教科などの指導を通常の学級で行いながら，週に1単位時間〜8単位
時間程度，障害に基づく種々の困難の改善・克服に必要な特別の指導を特別の
場で行う。対象とする障害種は言語障害，自閉症，情緒障害，弱視，難聴，
LD，ADHD，肢体不自由及び病弱・身体虚弱。

　図2-5は障がいのある児童・生徒の就学先の決定についての手続きを示し
ている。2013年の法改正により「認定就学制度」が廃止された。「認定就学制
度」とは，特別な事情がある場合に限定して，障がいのある児童・生徒の小・
中学校への就学を認定するものである。障害のある児童・生徒は原則として特
別支援学校に就学するという従来の方針から，本人や保護者の意向を可能な限
り尊重し，児童・生徒をめぐるさまざまな状況や意見について「総合的判断」
により就学先を決定することとなった。また「総合的判断」を行うにあたり，
「個別の教育支援計画」の作成が義務化された（学校教育法施行規則　第百三十
四条の二）。

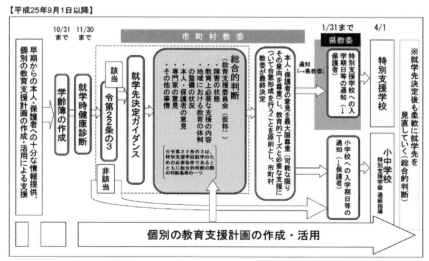

図2-5　障害のある児童・生徒の就学先決定について（手続の流れ）
出典：文部科学省（2019b）

> **学校教育法施行規則　第百三十四条の二**
> 校長は，特別支援学校に在学する児童等について個別の教育支援計画（学校と医
> 　療，保健，福祉，労働等に関する業務を行う関係機関及び民間団体（次項にお
> 　いて「関係機関等」という。）との連携の下に行う当該児童等に対する長期的
> 　な支援に関する計画をいう。）を作成しなければならない。
> 2　校長は，前項の規定により個別の教育支援計画を作成するに当たつては，当
> 　該児童等又はその保護者の意向を踏まえつつ，あらかじめ，関係機関等と当該
> 　児童等の支援に関する必要な情報の共有を図らなければならない。

　義務教育段階の児童・生徒数は年々減少（5年間で5％減）する一方，発達障害などがあり，特別支援教育を受ける児童数は増加している。通級指導を受ける児童・生徒数，特別支援学級に在籍する児童・生徒数は，それぞれ5年間で1.5倍，1.4倍になっている。発達障害がある子どもの場合，通級での指導を受けるなどしながら，通常の学級で学んでいるケースが少なくない（文部科学省，2019c）。

　また通常学級においても，知的発達に遅れはないものの特別な教育的支援を必要としている児童・生徒がみられる。文部科学省の調査によれば，学習面または行動面で著しい困難を示す児童・生徒の割合は約6.5％となっている。学習面では「読む」「書く」「計算する」および「推論する」に著しい困難を示すとされた児童が，また行動面では「不注意」の傾向を示す児童が比較的多い（文部科学省，2012）。インクルーシブ教育の実現は，特別支援教育の枠にとどまらず，今や社会全体の課題となっている。

参考・引用文献

文部科学省（1996）「中央教育審議会答申（平成8年）」

文部科学省（2006）「特別支援教育の推進のための学校教育法等の一部改正について（通知）」

文部科学省（2012a）「通常の学級に在籍する発達障害の可能性のある特別な教育的支援を必要とする児童生徒に関する調査」

文部科学省（2012b）「共生社会の形成に向けた　インクルーシブ教育システム構築のための　特別支援教育の推進（報告）」中央教育審議会初等中等教育分科会報告

文部科学省（2019a）「諸外国の教育統計」平成31（2019）年版

文部科学省（2019b）「日本の特別支援教育の状況について」（新しい時代の特別支援教育の在り方に関する有識者会議）

文部科学省（2019c）「発達障害等のある子供達の学びを支える〜共生に向けた「学び」の質の向上プラン〜」

文部科学省（2020）「就学援助実施状況等調査結果」

本章の課題

1．9年制の「義務教育学校」ができたことで，わが国の義務教育制度がどのように変わる可能性があるか考えてみましょう。
2．インクルーシブ教育を実現するための具体的な交流活動や共同学習のアイデアを出し合って意見交換をしましょう。

第3章
幼稚園・保育所・認定こども園

　日本では，幼稚園，保育所，認定こども園が幼児教育・保育の中心になります。幼稚園には「幼稚園教育要領」，保育所には「保育所保育指針」，認定こども園には「幼保連携型認定こども園教育・保育要領」が，それぞれ国から示されています。各施設ごとに内容が示されていることは，先進国のなかでも非常に特徴的であるといえます。

　本章では，幼稚園・保育所・認定こども園の制度と現状について，その成り立ちの経緯とともに理解を深めていきます。

1．幼稚園の制度

（1）幼稚園制度のはじまり

　日本での幼稚園制度は，1876（明治9）年に東京女子師範学校附属幼稚園が創設されたことによって始まっている。当時，幼稚園に通園していた子どもたちは裕福な家庭が多く，幼稚園は富裕層の子どもが通う施設という認識がされていた。その後，1926（大正15）年に幼稚園令が，天皇が直接発令する勅令という形で出され，幼稚園に対する初めての法令となった。そのことによって，幼稚園が法令に基づく施設として確立され，現在に至っている。

（2）幼稚園について

　幼稚園は，学校教育法第1条に規定される学校である。

> **学校教育法（学校の範囲）**
> **第一条**　この法律で，学校とは，幼稚園，小学校，中学校，義務教育学校，高等学校，中等教育学校，特別支援学校，大学及び高等専門学校とする。

　1947（昭和22）年での制定時は，第1条での幼稚園は校種の最後に記載されていた。当時，幼稚園が学校として規定されることに対して反対する意見もあり，ようやく位置づけられたという経緯がある。現在は，幼稚園がはじめに記載されており，第3章の幼稚園の目的に沿うものとなっている。

> **学校教育法（目的）**
> **第二十二条**　幼稚園は，義務教育及びその後の教育の基礎を培うのものとして，幼児を保育し，幼児の健やかな成長のために適当な環境を与えて，その心身の発達を助長することを目的とする。

　幼稚園は，義務教育としての小学校，中学校，そして高等学校以降の教育の基礎を培うものとしている。どのような教育が行われるかということについては，教育基本法の第11条に示されている。

> **教育基本法（幼児期の教育）**
> **第十一条**　幼児期の教育は，生涯にわたる人格形成の基礎を培う重要なものであることにかんがみ，国及び地方公共団体は，幼児の健やかな成長に資する良好な環境の整備その他適当な方法によって，その振興に努めなければならない。

　上記の内容をふまえ，幼稚園教育では「環境を通して行う」ことを基本としており，幼稚園教育要領に以下のように記載されている。この内容は幼稚園を中心に，保育所，幼保連携型認定こども園においても使用する用語は異なるが，基本的な考え方としては同じである。また，2017年に告示された幼稚園教育要領には，「前文」が新たに設けられた。この前文の要点の1つに「社会に開かれた教育課程」の実現をめざすことがある。教育課程を通して，これからの時代に求められる教育を実現していくためには，よりよい学校教育を通してよりよい社会を創るという理念を学校と社会が共有することが求められているとされている。

> **幼稚園教育要領（幼稚園教育の基本）**
> 第1章 総則　第1 幼稚園教育の基本
> 幼児期の教育は，生涯にわたる人格形成の基礎を培う重要なものであり，幼稚園
> 　教育は，学校教育法に規定する目的及び目標を達成するため，幼児期の特性を
> 　踏まえ，環境を通して行うものであることを基本とする。

2．保育所の制度

（1）保育所のはじまり

　保育所の制度は，1890（明治23）年に新潟県で附設された静修女学院附設託児所が始まりとされている。このような託児所は，親が農作業などの仕事に出ている間，親の代わりに幼い子どもの面倒をみて子守をしていた女子のために開かれたものが多い。また，田植えや稲の収穫などの忙しい時期にだけ保育を行う農繁託児所などが各地域で開かれていた。その後，戦後に児童福祉法に基づき規定された施設となった。

（2）保育所について

　保育所は，児童福祉法に規定されている児童福祉施設である。

> **児童福祉法（保育所）**
> 第三十九条　保育所は，保育を必要とする乳児・幼児を日々保護者の下から通わ
> 　せて保育を行うことを目的とする施設（利用定員が二十人以上であるものに限
> 　り，幼保連携型認定こども園を除く。）とする。
> 2　保育所は，前項の規定にかかわらず，特に必要があるときは，保育を必要と
> 　するその他の児童を日々保護者の下から通わせて保育することができる。

　保育所では，生後約2カ月以上から子どもの保育を受け入れしている。女性の就労の増加などから，長年，都市部では待機児童の課題があり，都市部の多くの自治体では，ずっと対策を続けているが，減少はしているものの解消には至っていない。国全体では，保育所の施設数は増加の一途をたどっている。いっぽうで，過疎地では子どもの減少が加速している現状があり，増加してい

る地域は都市部に限られている。

　保育所の役割については，保育所保育指針に次のように示されている。

保育所保育指針（保育所の役割）
第 1 章　総則　1 保育所保育に関する基本原則
（1）保育所の役割
ア　保育所は，児童福祉法（昭和 22 年法律第 164 号）第 39 条の規定に基づき，
　保育を必要とする子どもの保育を行い，その健全な心身の発達を図ることを目
　的とする児童福祉施設であり，入所する子どもの最善の利益を考慮し，その福
　祉を積極的に増進することに最もふさわしい生活の場でなければならない。

　2017 年に告示された保育所保育指針において，保育所の役割の文中，「保育に欠ける子ども」から「保育を必要とする子ども」へ記載が変更された。これは，子ども・子育て支援法の施行により保育の必要性の認定を行うことから，表記が変更されている。

（3）幼稚園と保育所の関係

　幼稚園と保育所の関係については，幼稚園は文部科学省における管轄，保育所は厚生労働省における管轄と，長い間二元化した制度で続いてきた。その間には，一元化についてもたびたび議論はされてはいたが，結果的にはずっと同じ状況にある。そのことをはっきりと明示した内容が，1963（昭和 38）年に，当時の文部省と厚生省の共同で通知された「幼稚園と保育所との関係について」である。

　以下に示す通知文には，幼稚園と保育所がそれぞれにもつ機能について，1 に具体的に書かれている。いっぽう，3 に記載されている教育に関するものは，幼稚園教育要領に準ずることが望ましいこととした。保育所保育指針における 3 歳以上児の保育に関するねらいおよび内容は，幼稚園教育要領と共通した内容が記載されている。

幼稚園と保育所との関係について（昭和 38 年　文部省・厚生省通知文）
　1　幼稚園は幼児に対し，学校教育を施すことを目的とし，保育所は，「保育に

欠ける児童」の保育（この場合幼児の保育については，教育に関する事項を含み保育と分離することはできない。）を行なうことを，その目的とするもので，両者は明らかに機能を異にするものである。現状においては両者ともその普及の状況はふじゆうぶんであるから，それぞれがじゆうぶんその機能を果たしうるよう充実整備する必要があること。
3　保育所のもつ機能のうち，教育に関するものは，幼稚園教育要領に準ずることが望ましいこと。このことは，保育所に収容する幼児のうち幼稚園該当年齢の幼児のみを対象とすること。

3．認定こども園の制度

（1）認定こども園のはじまり

　認定こども園は，2006 年に制定された「就学前の子どもに関する教育，保育等の総合的な提供の推進に関する法律」（認定こども園法）によって開始された施設である。その後，「子ども・子育て関連３法」（「子ども・子育て支援法」「就学前の子どもに関する教育，保育等の総合的な提供の推進に関する法律の一部を改正する法律」「子ども・子育て支援法及び就学前の子どもに関する教育，保育等の総合的な提供の推進に関する法律の一部を改正する法律の施行に伴う関係法律の整備に関する法律」の３つの法律をさす）の制定によって，幼保連携型認定こども園教育・保育要領が 2014 年に告示され，幼保連携型認定こども園が単一の施設となった。

　「子ども・子育て関連３法」によって制度改正が行われ新たに認定こども園ができた背景について，渡辺（2016）は大きく３つの流れがあったとしている。１つ目は，社会情勢の変化をあげている。不景気が長く続いたために，女性が働かざるを得なくなったことや，少子化の影響もあり，結婚や出産をしても仕事を辞めずに子育てをしながら働く女性が増えたことにより女性の労働力が求められ，都市部を中心に待機児童が増えた一方，過疎地では，少子化が進み幼稚園や保育所という枠組み自体が意味をもたず，子どもが育つ環境として幼保一体化した施設にならざるを得ない事情があったとしている。２つ目は，規制改革の流れをあげている。幼稚園は文部科学省，保育所は厚生労働省という行

政の壁は，地方自治体でも同様の壁をつくり，別々の慣行や制度をつくってきたが，規制緩和を求める経済界や地方分権を求める地方の要望もあり，国は幼保一体化施設を進めざるを得なくなったという経緯である。3つ目は，西欧社会を中心に幼保一体化施設を進めているという国際情勢の変化をあげている。

　このように認定こども園の創設の背景には，少子化，女性の就労といった国内の状況とともに，グローバル化する世界において欧州を中心とした幼児教育・保育制度の整備が進んでいることも要因の1つであるとされている。

（2）認定こども園について

　認定こども園は，下記のように4つの類型がある。

①幼保連携型…幼稚園的機能と保育所的機能の両方を併せ持つ単一の施設として，認定こども園としての機能を果たすタイプ
②幼稚園型　…認可幼稚園が，保育が必要な子どものための保育時間を確保するなど，保育所的な機能を備えて認定こども園として機能を果たすタイプ
③保育所型　…認可保育所が，保育が必要な子ども以外の子どもも受け入れるなど，幼稚園的な機能を備えることで認定こども園としての機能を果たすタイプ
④地方裁量型…幼稚園・保育所いずれの認可もない地域の教育・保育施設が認定こども園として必要な機能を果たすタイプ

　ここでは，単一の施設である幼保連携型認定こども園を中心にみていく。
　幼保連携型認定こども園は，内閣府，文部科学省，厚生労働省が連携しており，主な所管は内閣府になる。認定こども園法においては，以下のように規定されている。

認定こども園法（認定こども園の定義）
第二条　7　この法律において「幼保連携型認定こども園」とは，義務教育及びその後の教育の基礎を培うものとして満三歳以上の子どもに対する教育並びに保育を必要とする子どもに対する保育を一体的に行い，これらの子どもの健やかな成長が図られるよう適当な環境を与えて，その心身の発達を助長するとと

もに，保護者に対する子育ての支援を行うことを目的として，この法律の定めるところにより設置される施設をいう。

認定こども園とは，教育・保育を一体的に行う施設であり，幼稚園と保育所のよいところを併せもつ施設としている。子ども・子育て支援新制度により，子どもは認定を受けて施設に通う。認定の区分は以下のとおりになる。

> ○1号認定：教育標準時間認定・満3歳以上　→認定こども園・幼稚園
> ○2号認定：保育認定（標準時間・短時間）・満3歳以上　→認定こども園・保育所
> ○3号認定：保育認定（標準時間・短時間）・満3歳未満　→認定こども園・保育所・地域型保育

認定こども園では，1号認定から3号認定のすべての認定を受けた子どもたちが在籍する施設になる。教育標準時間とは，1日の教育課程に係る教育時間のことで，4時間を標準としている。この時間は幼稚園の教育課程に係る教育時間と同様である。保育認定のなかの，標準時間は11時間（親がフルタイムで就労することを想定した利用時間），短時間は8時間（親がパートタイムで就労することを想定した利用時間）としている。

4．3法令同時改訂（定）の意義

（1）2017年の改訂（定）の特徴

幼稚園教育要領，保育所保育指針，幼保連携型認定こども園教育・保育要領は，同時に改訂（定）[1]，告示された。3つの要領と指針が同時に改訂（定）されることは初めてのことであり，重要な契機となっている。この3つの改訂（定）では，まず幼稚園教育要領の教育課程を中心に改訂作業が行われ，その次に保育所保育指針，最後に幼保連携型認定こども園教育・保育要領の順に改訂作業が行われている。

この改訂（定）の経緯について，幼稚園教育要領と幼保連携型認定こども園教育・保育要領の改訂の委員として改訂作業にたずさわった渡邉（2018）は，

これまで 10 年ごとに行ってきた改訂（定）の流れについて従来とは異なっていたことにふれ，2017 年の改訂においては，「まず，幼稚園教育要領も含めた学習指導要領をどのように改訂するのかという議論を，教育課程企画特別部会で行い，その結果を受けて幼稚園，小学校，中学校，高等学校など，各学校段階の改訂作業が始まった」としている。なぜ，このような改訂作業が行われたかということについては，教育課程企画特別部会が，「『2030 年の社会と，そして更にその先の豊かな未来を築くために，教育課程を通じて初等中等教育が果たす役割を示すことを意図』することにより，『学校を，変化する社会の中に位置付け，教育課程全体を体系化することによって，学校段階間，教科等間の相互連携を促し，さらに初等中等教育の総体的な姿を描くことを目指すものであるという理念』が基にある」としている。この流れをわかりやすく「幼稚園から高等学校まで一貫した新たな学校文化を創り出す教育課程の改訂になった」ということでもあるとしている。この教育課程の体系化が 2017 年の改訂で初めて行われたことに大きな意味があり，幼稚園をはじめとする幼児期の教育の重要性が示され，改めて位置づけられたともいえる。

（2）改訂（定）における中心的な内容

　幼稚園教育要領，保育所保育指針，幼保連携型認定こども園教育・保育要領の 3 つが同時に改訂（定）された内容における要点を，ここで改めて確認したい。幼稚園教育要領の改訂にあたり中心となった，幼児教育部会の主査を務めた無藤隆は，2017 年の改訂においては，幼稚園教育のあり方の骨格のようなものを見直したとして，鼎談のなかで「幼児期を考えた時に横のつながりと縦のつながりがあると思います。横のつながりと言っているのは，現在幼児期の教育施設と考えると幼稚園が中心ではありますが，同時に保育所，幼保連携型認定こども園教育・保育があり，日本の子供たちがどの施設に行っても必要な幼児期の教育をきちんと受けることができる。そういう仕組み作ったことがあります。同時に，幼児教育がその後，小学校・中学校・高等学校とつながっていくわけです。そういう縦の連続性，従来の発達や学びの連続性を具体的に考

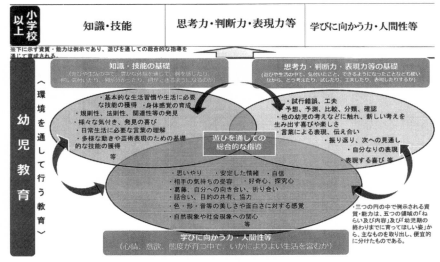

図3-1 幼児教育において育みたい資質・能力の整理

出典：文部科学省（2017）

えていこう，中身に踏み込んで接続の在り方を規定していこうということです」（文部科学省初等中等教育局幼児教育課，2017）と話している。その横のつながりと縦のつながりの両方を図っていくうえで，これまでも5領域の内容は示されており，教育課程，指導計画があるが，その構造をより明確化する過程において，「一番の根っこは，幼児教育を通して子どもが何を学ぶのか。そして，その子どもの学んだものが小学校・中学校へどう展開していくのかという非常に大きな見通しが必要です。小さい子どもが大人になる過程で何が育つのか。それに対し教育側は何を育てようとしているのかということを，はっきりさせていこうということ，その部分が資質・能力という言葉で3つの柱に整理されている内容になる」としている（図3-1）。

また，神長美津子は，小学校以降の教育という縦のつながりを意識したときに，同上鼎談のなかで「幼児期にはぐみたい資質・能力（3つの柱）は，これまでの幼児教育の中にしっかりとあったものが，3つの柱という視点で出されたもの」として，そのうえで，「3つの柱には分けきれない部分をたくさん

持っていて，幼稚園教育要領の中で示されている資質・能力を『一体的に』育むということは非常に大事な言葉であり，遊びを通しての総合的な指導をずっと行ってきている」と述べており，遊びを通しての総合的な指導を行うことの大切さ，子どもが遊びのなかでおもしろさや気づき，試行錯誤をしていく過程において，主体性や自発性が尊重されながら行われることの意義を示している。

参考・引用文献

厚生労働省（2018）「保育所保育指針解説」

内閣府「認定こども園概要」https://www8.cao.go.jp/shoushi/kodomoen/gaiyou.html

内閣府・文部科学省・厚生労働省（2018）「幼保連携型認定こども園教育・保育要領解説」

文部省（1979）『幼稚園教育百年史』ひかりのくに

文部科学省（2017）「幼児教育部会における審議の取りまとめ」

文部科学省（2018）「幼稚園教育要領解説」

文部科学省初等中等教育局幼児教育課（2017）「鼎談・新幼稚園教育要領を基盤とした今後の幼児教育の展望」『初等教育資料』東洋館出版社

渡辺英則（2016）「認定こども園の園・クラス運営と課題」日本保育学会編『保育を支えるしくみ―制度と行政』〈保育学講座2〉東京大学出版

渡邉英則（2018）「今回の改訂（定）では，実践の何が問われているのか」『発達―保育の場から考える新指針・新要領』154，ミネルヴァ書房

注

1）改訂（定）の表記については，幼稚園教育要領，幼保連携型認定こども園教育・保育教育要領や学習指導要領など文部科学省においては「改訂」，保育所保育指針などの厚生労働省においては「改定」を使用している。

本章の課題

1．幼稚園・保育所・認定こども園の特徴をふまえながら，3法令が同時に改訂（定）された内容における要点をまとめてみましょう。

第4章
海外の教育・保育制度

　日本では，乳幼児期を保育所や幼稚園，認定こども園などで過ごし，その後，義務教育である小学校へと就学します。海外に目を向けると，それぞれの国において特徴的な独自の教育制度が存在します。近年，日本を含む多く国において，幼児教育・保育の重要性を制度化するための改革が行われています。

　本章では，わが国の制度改革の意義や課題を考えるために，代表的な国の学校体系や教育制度について知り，海外における幼児教育・保育制度の実態を事例を通して学びます。

1．諸外国の学校体系と教育制度

（1）イギリス

　義務教育は5〜16歳の11年間であり，2015年には，18歳まで教育，訓練を受けることが義務化された。1988年教育改革法により中央集権化を進め，ナショナルカリキュラムが導入された。16歳で受験するGCSE（General Certificate of Secondary Education）は，「Oレベル」といわれ，中等教育を修了したことを示す一般資格である。またシックスフォームを終える段階で取得する，Aレベルは，基本的な大学入学資格となる（第2章図2-2参照）。

　パブリック・スクールは，公的補助を受けない私立学校で，独自の入学試験を実施していることから，プレパラトリー・スクールからの進学を前提としている。

（2）ドイツ

　義務教育は，6〜15歳の9年である。初等教育は10歳までで，その後，ハウプトシューレ，レアルシューレ（実科学校），ギムナジウムに進路が分かれる。進路選択は能力や適性に応じて決定し，最初の2年間は「観察指導段階」としている。またシュタイナー・スクールなど，独自のカリキュラムを実践している学校もある（第2章図2-3参照）。

　専門大学に進学するには，実科学校修了資格を取得し，上級専門学校において，専門大学入学資格を得るほか，いくつかの方法がある。また総合大学に進学するには，アビトゥア（一般大学入学資格）を取得する必要がある。

（3）フランス

　義務教育は3〜16歳の13年であり，3〜5歳の就学前教育も義務教育と

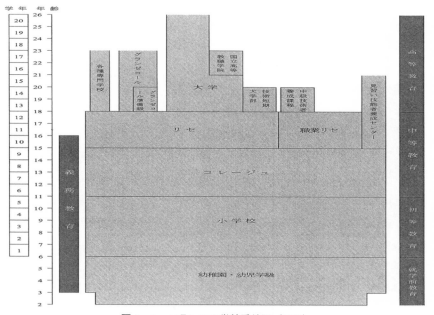

図4-1　フランスの学校系統図（2019）

出典：文部科学省（2021）「世界の学校体系（ウェブサイト版）」

なっている。中等教育はコレージュ（4年間）からリセ（3年）または職業リセ（2～3年）に進学する。バカロレアは，中等教育修了資格と高等教育入学資格を兼ねる国家資格であり，リセ修了時に受験する（図4-1）。

　グランゼコールは，官界，産業界の幹部養成機関であり，歴史のある国立グランゼコール（18世紀に設立）は名門とされる。進学は，グランゼコール準備級（名門中高一貫校の進学コース）を経て各学校の入学者選抜試験を受験する。

（4）フィンランド

　義務教育は7～16歳までの9年間で，プレスクールから大学院まで学費は無償である。また学費のほか，給食費や文房具代なども支給される。

　フィンランドでは教員の社会的地位が高く，大学院で修士号を取得する必要がある。とくに7～9年生の担当は専門科目の修士号が必要とされている。1994年に教育改革を実施し，独自のカリキュラムに基づいた教育で学力の向

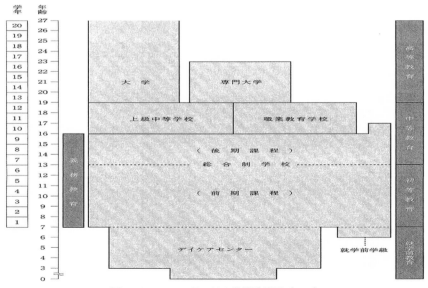

図4-2　フィンランドの学校系統図（2017）

出典：文部科学省（2017）「世界の学校体系（ウェブサイト版）」

上を図った（図 4 - 2 ）。

　総合制学校には 6 歳児を対象とするエシコウル（就学前学級）が附設されている。エシコウルは，保育教師と保育士の 2 名体制をとっており，少人数クラスとなっている。子どもの主体性を尊重し，共通の活動と子どもの興味・関心に応じた小グループによる活動があり，小学校における教育に向けてスムーズは接続を図るねらいがある。

2 ．各国の幼児教育・保育制度

（ 1 ） OECD から出された *Starting Strong*

　近年，幼児教育・保育については，さまざまな国で取り組みが行われている。その始まりは，OECD（経済協力開発機構）から 2001 年に出版された *Starting Strong*（『人生の始まりこそ力強く』）において，乳幼児期の教育の重要性を説いたことが契機となっている。OECD は 2020 年にコロンビアが加わり，現在の加盟国は 37 カ国あり，日本も 1964 年より加盟している。欧州協力開発機構として設立され，その後欧州，アメリカ，カナダを含め経済協力開発機構として発展した組織である。また，2017 年までに幼児教育・保育から小学校への接続を取り上げた *Starting Strong* V が出され，調査報告も別途に出されている。

　1998 年 3 月に OECD 教育委員会が，乳幼児期の教育とケア（ECEC：Early Childhood Education and Care）の政策に関する調査を始めた経緯は，1996 年の「万人のための生涯学習の実現」についての加盟国の教育大臣会議だったとしている。その共同宣言で，各国の教育大臣は，ECEC へのアクセスの拡充と質の改善という目標を優先性の高い重要な課題にした。幼い子どもにケアと教育を提供することは，女性の労働市場への参加を保障するうえで必要だと考えられていたが，次第にそれだけでなく，乳幼児期の発達が人間の学習と発達の基礎形成段階であるとみなされるようになった。そして，親や地域コミュニティを支える財政面，社会面，雇用面の効果的な対策が維持される場合，乳幼児期のプログラムをつくることは，すべての子どもが人生を公平にスタートさせるのに役立ち，また教育の平等と社会的統合に寄与する（OECD 編著，2011）と

いう考えからである。

（2）各国の幼児教育・保育制度と義務教育との接続時期

それぞれの国では，社会状況や政策が反映された幼児教育・保育が実施されている。各国の制度の内容について，特徴的な国を取り上げてみていく（図4-3）。

まずは，日本でいう小学校等の義務教育への就学の年齢については，日本も含めほとんどの国が，6歳で就学している。フィンランドとスウェーデンは，幼児教育・保育を5歳まで実施したのち，義務教育に就学する前に1年間，義務教育である基礎学校内の就学前クラスに通うことを実施している。また，スウェーデンは，幼児教育・保育は，1歳を過ぎてから実施されている。1歳までは両親保険制度として休業補償がなされ，家庭で子育てができるよう国で支援を行っている。

ドイツは，連邦国として幼児教育・保育制度は統合されているが，実施については16の州に分権化され，それぞれの州において連邦国で示されている幼児教育の共通の枠組みに基づく詳細のカリキュラム（国立教育政策研究所編，2020）が実施されている。

日本は，2015年以前の制度として3〜5歳までの幼稚園の教育，0〜5歳までの保育所での保育として，幼稚園と保育所の二元化された制度が記載されている。現在は，幼稚園，保育所，認定こども園の3つの内容が記載されることになる。日本のような所管が別に記載されている国はほかにはない。

日本に近い韓国においても独自の幼児教育・保育の制度を実施している。韓国は，5歳児の無償化を早くから行うなど，日本より先んじて幼児教育・保育制度の改革を進めている。韓国では，3〜5歳では，ヌリ課程というカリキュラムがあり，その課程を教育部の管轄である幼稚園と，保健福祉部の管轄である保育施設で同様に実施する。0〜3歳までは保健福祉部による標準保育課程（同上）が実施される。

独自のカリキュラムを実施している国は，ニュージーランドもそうである。

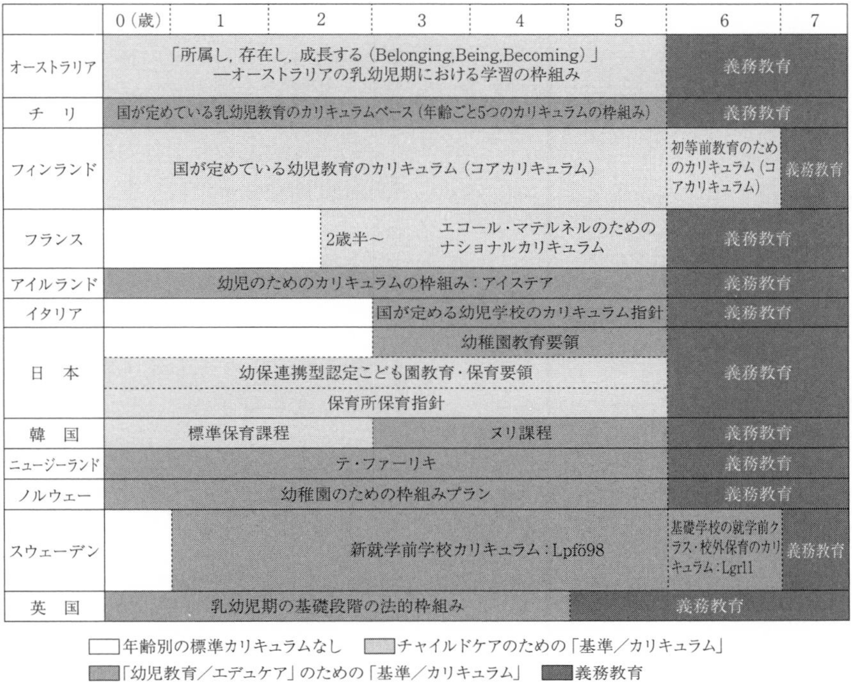

	0（歳）	1	2	3	4	5	6	7
オーストラリア	「所属し，存在し，成長する（Belonging,Being,Becoming）」 ―オーストラリアの乳幼児期における学習の枠組み						義務教育	
チ　リ	国が定めている乳幼児教育のカリキュラムベース（年齢ごと5つのカリキュラムの枠組み）						義務教育	
フィンランド	国が定めている幼児教育のカリキュラム（コアカリキュラム）						初等前教育のための カリキュラム（コ アカリキュラム）	義務教育
フランス			2歳半〜	エコール・マテルネルのための ナショナルカリキュラム			義務教育	
アイルランド	幼児のためのカリキュラムの枠組み：アイステア						義務教育	
イタリア				国が定める幼児学校のカリキュラム指針			義務教育	
日　本				幼稚園教育要領			義務教育	
	幼保連携型認定こども園教育・保育要領							
	保育所保育指針							
韓　国	標準保育課程			ヌリ課程			義務教育	
ニュージーランド	テ・ファーリキ						義務教育	
ノルウェー	幼稚園のための枠組みプラン						義務教育	
スウェーデン	新就学前学校カリキュラム：Lpfö98						基礎学校の就学前ク ラス・校外保育のカリ キュラム：Lgr11	義務教育
英　国	乳幼児期の基礎段階の法的枠組み						義務教育	

□年齢別の標準カリキュラムなし　▨チャイルドケアのための「基準／カリキュラム」
▨「幼児教育／エデュケア」のための「基準／カリキュラム」　■義務教育

図4-3　各国の教育課程の構成

出典：OECD（2015）*Starting Strong IV* および OECD編著（2019）『保育の質向上白書』明石書店
より筆者作成

ニュージーランドには，幼児教育・保育の施設が複数ある。その複数の施設に
おいて実施されるのが，テ・ファーリキ（Te Whāriki）である。また，日本と
同様に二元化していた幼児教育・保育制度を教育省に一元化したスウェーデン
の取り組みも特徴的といえる。次項では，この二国を取り上げ，幼児教育・保
育制度の具体的な内容をみていく。

3．ニュージーランドとスウェーデンの幼児教育・保育制度

（1）ニュージーランドの幼児教育・保育制度

　ニュージーランドでは，大きな教育改革が実施されている。1986年には，

社会福祉省の管轄にあった保育施設や託児所などが教育省の管轄に移行され，幼保一元化が実現した。ニュージーランドの幼保一元化は，多様な幼児教育・保育の実施を推奨している。管轄省庁を１つにすることやテ・ファーリキというカリキュラムの共通化は進めていくが，その一方で，それぞれの施設が掲げる教育理念や保育内容とそれらに求められる社会的役割は保持していこうとする観念に基づいた制度導入としている（池本編著，2014）。

多様な幼児教育・保育施設とは，主に下記の５つの施設に分けられる。

① 幼稚園

幼稚園は，基本無償である。これまで保護者にとって利用しやすい就学前施設になること，また質の高い教育と養護を提供する施設としていた。保育内容は，午前または午後のみ行うセッション型が用いられてきたが，全日保育を行う幼稚園が増えている現状がある。

② 教育保育施設

最も就園率の高い施設である。制度の内容においては保育所にきわめて近いが，教育省が管轄している。基本的に全日型の保育を行う施設である。

③ 通信制保育

テ・クラ（Te Kura）と呼ばれている。施設をもたず本部から保育教材を送る形で保育が行われる。主に，沿岸部や農村部といった地理的に通園する施設を利用することが困難な家庭を対象としている。保育の方向性などは有資格者である職員と面談を行い，保育教材が定期的に家庭に支給される仕組みになっている。

④ コハンガ・レオ

先住民であるマオリの子どもたちが通う施設であるが，設立される前は入植してきた家族の子どもたちと同様の施設に通っていた。コハンガ・レオの設立により，マオリの文化や伝統の継承，またマオリ語の保持をするという保育の内容が実施されることになった。

⑤ プレイセンター

親が主導的に維持運営し，加えて親教育の側面もある子育て支援施設である。

イギリスより入植してきた女性たちが，社会運動の1つとして親子がともに育つという理念を反映させながら，子育てをする母親の不安や負担を軽減することを目的として設立したとされている。「親も子も社会の一部。コミュニティで育てよう」という理念のもとに実施されている（七木田・ダンカン，2015）。

　上記の主な5つの施設において実施されているカリキュラムがテ・ファーリキであり，図4-4に示す4つの原則と5つの領域の目標が中心に組み立てられている。内容は，マオリの子ども，西欧の子どもの両方に通じるものを作成している。

　これらの目標に沿い，以下のようなビジョンを織り上げていくこととしている。テ・ファーリキは敷物という意味をもつことから，敷物を織られていくように下記のビジョンが示されている（ガンバロ他編，2018）。

> 　心，身体，精神において健康であり，所属感を持ち，社会に価値ある貢献をするという確信を持ち，有能で自信に満ちた学び手，コミュニケーションの担い手として，子どもたちが成長していくことをめざす

【4つの原則】
① Whakamana　　　…エンパワーメント
② Whānau tangata…家族の関与
③ Kotahitanga　　…学びと発達のホリスティックな理解
④ Ngā Hononga　　…人々，場所と物との相互的で応答的な関係
【5つの目標】

マオリ語	英語	訳
Mana Atua	Wellbeing	ウェルビーイング
Mana Whenua	Belonging	所属
Mana Tangata	Contribution	貢献
Mana Reo	Communication	コミュニケーション
Mana Aoturoa	Exploration	探求

図4-4　テ・ファーリキの4つの原則と5つの目標
出典：ルドヴィクァ・ガンバロ他編（2018）

　ニュージーランドでは，多様な施設をテ・ファーリキという1つのカリキュラムを実施することで，子どもがどの施設に行っても同じ幼児教育・保育を受けることが実現されている。実践をするうえでいくつかの課題もあるが，日本のように3つの要領と指針をもち，複数の施設をもつ幼児教育・保育を学ぶ際に，ニュージーランドの取り組みは示唆を得ることができるだろう。

（2）スウェーデンの幼児教育・保育制度

　スウェーデンは，世界のなかでも質の高い幼児教育・保育を行っているといわれている。かつては，日本と同様に幼稚園と保育所が二元化した幼児教育・保育制度であったが，女性の就労の増加に伴い待機児童が増加するなど，日本と同じ状況が1960〜1970年代ごろにかけて起こり，その状況に応じた制度改革が推進されてきた。就労している両親に対して休業補償が施されることが決定されたのも，1960年代である。スウェーデンは長い時間をかけて幼児教育・保育制度を改革してきたともいえよう。それらの経緯からも，2008年にユニセフ・イノチェンティ研究所がOECD加盟25カ国を対象に，就学前の教育とケアが子どもの成長や発達に及ぼす影響を重要視する立場から下記に示す10項目の評価基準を提唱して評価を実施したところ，スウェーデンだけが10項目すべてを満たすことができた（ユニセフ，2008）。

---

① すべての子どもを対象に基本的な保健サービスを提供している
② 保育・幼児教育に関わる職員の80％以上が有資格者である
③ 4歳児の80％以上が保育・幼児教育を受けている
④ 障がい児など不利な立場にある子どもへの公的支援がある
⑤ 給与の50％が保障されている育児休業制度が整っている
⑥ 3歳未満の子どもの25％以上が保育サービスを受けている
⑦ 職員の50％以上が高等教育（学士レベル）を受けている
⑧ 幼児教育の職員と子どもの割合が1対15以下である
⑨ GDPの1.0％以上の公的資金を保育・幼児教育に支出している
⑩ 子どもの貧困率が10％未満である

　10年以上の前の報告書になるが，スウェーデンは世界の国が幼児教育・保

育に力を注ぎはじめるずっと前から，取り組みを継続してきた結果が表れていたことがわかる。その制度が整えられてきた大きな要因ともいえるのが，手厚い社会保障制度でもある。

　スウェーデンの育児休業は，両親を合わせて，合計 480 日間取得することができる。そして，育児休業期間は，両親保険制度という独自の社会保障制度によって，育児休業の 390 日間は給与の 80％が支給され，残りの 90 日間は 1 日あたり 180 クローナ（約 2500 円）が支給される。この両親保険制度によって，スウェーデンでは OECD の教育課程の構成の表のとおり，0 歳児保育は実施していない。子どもが 1 歳を過ぎるまでは家庭で養育できる社会的な仕組みが整えられている（白石・水野，2013）。

　1996 年に，就学前学校（プレスクール）が社会省の管轄から教育省の管轄に移管されたのち，カリキュラムが制定され，1 ～ 5 歳まで一貫した就学前学校で幼児教育・保育を受けることになる。カリキュラムでは，就学前学校における学びにおいて，どのような考え方が示されているのか「就学前学校の任務」に次のように示されている。

　就学前学校は学びを促すことが大切である。そのためには，保育チームが知識と学びの概念の内容について積極的に討論をすることが前提条件になる。

　知識とは一面的な概念ではない。知識は，事実，理解，スキル，親密さ，経験などさまざまな形で表現され，それらはすべて相互に関連している。就学前学校事業は，子どもの経験世界，関心，動機，知識を求める衝動から出発しなければならない。子どもは遊びや他社との協調，探求と創造を通して，さらには，観察したり，話し合ったり，反応することを通して知識を獲得していく。テーマ活動によって，子どもの学びに多面性と相互の関連性をもたせることができる。

　学びは，大人と子どもとの協同と，子ども同士の学びあいを基礎にしなければならない。成長と学びにおいては，子どものグループを大切な活動的部分とみなさなければならない。

　上記に記載されている保育チームとは，1 つのクラス 15～20 人の子どもを 3 人の保育者がチームで担当する形態のことをさしている。そして，3 人のうち 1 人以上は学士レベルの教員資格を有していなければならないとしている。

このチーム制の保育は，スウェーデン保育制度の基盤がつくられた初期から現在も続く伝統的な保育方法である。

　カリキュラムの特徴は，民主主義と子どもの権利条約の理念に基づいた子ども観，エデュケアの理念やテーマ活動などの教育方針があるとされている。子ども観，教育観を示すキーワードとして「エデュケア」「遊びを通した学び」「子どもの視点」「子どもによる影響」「新しい学びの概念」をあげている。「就学前学校の任務」には次のように示されている。

> 　就学前学校は，安心できるケアを提供し，子どもの発達と学びを奨励しなければならない。教育活動は，子ども全体をとらえる視点と子どものニーズに基づいて，ケアと社会化と学びとが一体となって行われるようにしなければならない。
> 　遊びは子どもの成長と学びにとって大切なものである。就学前学校事業では，一人ひとりの子どもの成長と学びを促すために，遊びを意識的に活用しなければならない。

　これらの理念も基本理念として，1970 年代から継続されている。

　スウェーデンの制度は，就学前学校として教育省に一元化する前から，基本的な幼児教育・保育の制度が培われてきている。日本の幼児教育・保育制度において，待機児童がなかなか解消しない現状などはスウェーデンの制度の内容から要因を探ることもできるだろう。

参考・引用文献

池本美香編著（2014）『親が参画する保育をつくる—国際比較調査をふまえて』勁草書房

国立教育政策研究所編（2020）「幼児教育・保育の国際比較」『OECD 国際幼児教育・保育従事者調査 2018 報告書—質の高い幼児教育・保育に向けて』明石書店

白石淑江・水野恵子（2013）『スウェーデン保育の今—テーマ活動とドキュメンテーション』かもがわ出版

七木田敦・ジュディス・ダンカン（2015）『「子育て先進国」ニュージーランドの保育』福村出版

文部科学省（2019）「諸外国の教育統計」平成 31 年版

ユニセフ（2008）「子どもとケアの推移（Report Card 8 "The Child care Transition"）」ユニセフ・イノチェンティ研究所報告書

ルドヴィクァ・ガンバロ他編／山野良一・中西さやか監訳（2018）『保育政策の国際比較

　　―子どもの貧困・平等に世界の保育はどう向き合っているか』明石書店
OECD 編著／星美和子・首藤美香子・大和洋子・一見真理子訳（2011）『OECD 保育白書
　　―人生の始まりこそ力強く：乳幼児の教育とケア（ECEC）の国際比較』明石書店
OECD（2015）*Starting Strong* Ⅳ. *Monitoring Quality In Early Childhood Education And Care*. OECD Publishing.

本章の課題

1. 諸外国の教育制度から，わが国の教育をよりよくしていくヒントとなる点を抜き出してみましょう。
2. ニュージーランドとスウェーデンの幼児教育・保育制度について，特徴的な内容をあげてみましょう。

第5章
教員・保育士の権利と義務

　教育基本法の改正により，第9条として，教員に関する独立した条文が新設されました。条文では，「自己の崇高な使命を深く自覚し，絶えず研究と修養に励み」とあるように，教員が「研究」や「研修」を通して職責を全うするために学び続けることの必然性が明記されています。

　また同じく新設された第11条では，幼児期の教育について「生涯にわたる人格形成の基礎を培う重要なものである」として，幼児教育にかかわる保育士や幼稚園教諭の職務の重要性を示唆しています。

　本章では，教育基本法改正以降の教員や保育士，保育教諭の職務について，法律の変化をみながら考えていきたいと思います。

1．教員免許制度
（1）教員免許状の種類

　教員免許状には「普通免許状」「特別免許状」「臨時免許状」の3種類があり，さらに「普通免許状」には「専修免許状」「一種免許状」および「二種免許状」がある。表5-1は，それぞれの概要をまとめたものである。

　特別免許状は，社会的経験を有する者に対して，教育職員検定を経て授与されるものであり，授与をうけた都道府県内のみで有効となる。また，臨時免許状は普通免許状を有するものを採用することができない場合に限り，教育職員検定を経て授与され，授与を受けた都道府県内のみで，3年間有効となっている。

表5-1　教員免許状の種類

種類	普通免許状	特別免許状	臨時免許状
有効期限	10年	10年	3年
有効地域	全国の学校	授与を受けた都道府県内の学校	授与を受けた都道府県内の学校
学校の種類	・学校の種類ごとの教諭の免許状（義務教育学校，中等教育学校及び幼保連携型認定こども園を除く） ・養護教諭の免許状及び栄養教諭の免許状	・学校の種類ごとの教諭の免許状（幼稚園，義務教育学校，中等教育学校及び幼保連携型認定こども園を除く）	・学校の種類ごとの助教諭の免許状及び養護助教諭の免許状（義務教育学校，中等教育学校及び幼保連携型認定こども園を除く）
概要	専修免許状，一種免許状，二種免許状の区分がある	社会的経験を有するものに，教育職員検定を経て授与される	普通免許を有するものを採用できない場合に限り，教育職員検定を経て授与される

出典：著者作成

　わが国は「相当免許状主義」をとっており，原則として学校種ごとの教員免許状が必要である。特別支援学校の教員は，特別支援学校と各学校種の教員免許状が必要となる。たとえば，特別支援学校の小学部の教員となるためには，特別支援学校と，小学校の教員免許が求められる。また，義務教育学校については，小学校と中学校の両方の教員免許状が必要である。

（2）教員免許更新制（令和4年7月1日より廃止）

　普通免許状および特別免許状について，現職教員は定められた期間内に免許更新講習を受講・修了し，免許状の有効性を更新する必要がある。教員免許更新制は教育基本法改正を受けて，2007年の法改正により，2009年から導入された。教員として最新の知識技能を身につけることで，自信をもって仕事に臨むことを目的としているが，中堅教諭等資質向上研修と重複する点も多く，制度の存続に疑問の声も多い。

　講習内容は，「教育の最新事情に関する事項」（12時間以上　うち6時間は必修），

および「教科指導，生徒指導その他教育の充実に関する事項」（18 時間以上）
となっており，計 30 時間以上の受講が義務づけられている。

　講座を開設できるのは，大学，指定教員養成機関（文部科学大臣の指定を受け
ているもの），都道府県・指定都市等教育委員会などであり，リモート通信で
の受講も認められている。また，教員を指導する立場にある者（校長・副校
長・教頭・主幹教諭・指導教諭・教育長，指導主事・社会教育主事など）および優
秀教員表彰者は受講を免除される。

２．教員の服務と懲戒

（１）学校の組織と校長・教員の職務

　学校教育法には，学校の組織ならびに校長や教員の職務について規定されて
いる。たとえば小学校については，以下のとおりである。

> 学校教育法　第三十七条（抜粋）
> 小学校には，校長，教頭，教諭，養護教諭及び事務職員を置かなければならな
> い。
> 　2　小学校には，前項に規定するもののほか，副校長，主幹教諭，指導教諭，栄
> 　　養教諭その他必要な職員を置くことができる。
> 　3　第一項の規定にかかわらず，副校長を置くときその他特別の事情のあるとき
> 　　は教頭を，養護をつかさどる主幹教諭を置くときは養護教諭を，特別の事情の
> 　　あるときは事務職員を，それぞれ置かないことができる。
> 　4　校長は，校務をつかさどり，所属職員を監督する。
> 　5　副校長は，校長を助け，命を受けて校務をつかさどる。
> 　6　副校長は，校長に事故があるときはその職務を代理し，校長が欠けたときは
> 　　その職務を行う。この場合において，副校長が二人以上あるときは，あらかじ
> 　　め校長が定めた順序で，その職務を代理し，又は行う。
> 　7　教頭は，校長を助け，校務を整理し，及び必要に応じ児童の教育をつかさど
> 　　る。
> 　8　教頭は，校長に事故があるときは校長の職務を代理し，校長が欠けたときは
> 　　校長の職務を行う。この場合において，教頭が二人以上あるときは，あらかじ
> 　　め校長が定めた順序で，校長の職務を代理し，又は行う。
> 　9　主幹教諭は，校長及び教頭を助け，命を受けて校務の一部を整理し，並びに
> 　　児童の教育をつかさどる。

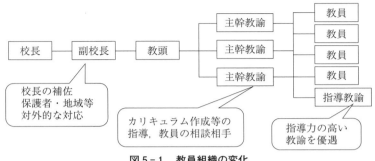

図5-1　教員組織の変化

出典：著者作成

10　指導教諭は，児童の教育をつかさどり，並びに教諭その他の職員に対して，
　　教育指導の改善及び充実のために必要な指導及び助言を行う。
11　教諭は，児童の教育をつかさどる。

　2008年の法改正により，副校長，主幹教諭，および指導教諭が追加された。学校における位置づけは図5-1のとおりである。「校長は，校務をつかさどり，所属職員を監督する」「副校長は，校長を助け，命を受けて校務をつかさどる」とあるように，校長と副校長は教員ではない。教頭は，最後に「必要に応じ児童の教育をつかさどる」とあるように教員組織のトップである。学校によっては副校長という名称で教頭の機能を兼ねている場合も多い。この場合は副校長も教員であり，授業も行う。

　教頭を補佐するのが主幹教諭であり，指導教諭は「教育指導の改善及び充実のために必要な指導及び助言を行う」とあるように，教育指導に関して指導的立場に立つ教員である。

　教員組織の改正は，従来の並列的な組織から階層的な組織への変化であり，組織的な教員管理により適した仕組みであるといえよう。

（2）教員の服務義務

　公立学校の教員の服務の根本基準は，地方公務員法第30条である。ここでは，以下のとおり「全体の奉仕者」という言葉が使われている。改正前の教育

基本法でも同様の表現が使われていたが，改正により「全体の奉仕者」は削除された（いずれも下線筆者）。

地方公務員法　第三十条
すべて職員は，全体の奉仕者として公共の利益のために勤務し，且つ，職務の遂行に当つては，全力を挙げてこれに専念しなければならない。

【改正前】教育基本法　第六条
2　法律に定める学校の教員は，全体の奉仕者であって，自己の使命を自覚し，その職責の遂行に努めなければならない。このためには，教員の身分は，尊重され，その待遇の適正が，期せられなければならない。

【改正後】教育基本法　第九条
法律に定める学校の教員は，自己の崇高な使命を深く自覚し，絶えず研究と修養に励み，その職責の遂行に努めなければならない。
2　前項の教員については，その使命と職責の重要性にかんがみ，その身分は尊重され，待遇の適正が期せられるとともに，養成と研修の充実が図られなければならない。

　教員の服務義務には「職務上の義務」と「身分上の義務」がある。「職務上の義務」とは職務中のみ発生する義務であり，「職務専念の義務」「法令等及び上司の命令に従う義務」などがこれにあたる。

　「身分上の義務」とは職務を離れても発生する義務であり，「信用失墜行為の禁止」「秘密を守る義務」「争議行為等の禁止」などがこれにあたる。「信用失墜行為」には，交通事故，暴力行為，公費の不正使用，わいせつ行為，その他の違法行為がある。

　また，政治的行為や営利企業への従事などについても制限がある。政治的行為については，以下の事柄は禁止されている。

１）政党等の結成に関与したり，その役員になる。
２）政党の勧誘活動をする。
３）政党の機関誌の発行・編集・配布。

4）公選による公職の立候補者となる。
5）教職員の地位を利用した政党活動への関与など。

（3）分限と懲戒

① 分限処分

分限とは，公務員が何らかの事情で適正に業務の遂行ができないときに，業務の効率性を確保するための処分である。地方公務員法には，以下のように規定されている。

地方公務員法　第二十八条
職員が，次の各号に掲げる場合のいずれかに該当するときは，その意に反して，これを降任し，又は免職することができる。
　　一　人事評価又は勤務の状況を示す事実に照らして，勤務実績がよくない場合
　　二　心身の故障のため職務の遂行に支障があり，又はこれに堪えない場合
　　三　前二号に規定する場合のほか，その職に必要な適格性を欠く場合

分限処分には，降任，免職，休職，および降給がある。2019 年度のデータによれば，分限処分を受けた 388 人すべてが分限休職であり，うち起訴休職 1名を除いて病気休職であった。また病気休職者の 64％が精神疾患によるものである。精神疾患による全休職者数は 5478 人（全教育職員数の 0.59％）で，過去最多となっている（文部科学省，2020a）。

② 懲戒処分

懲戒には，戒告・減給・停職・免職があり，法令違反，職務上の義務違反，職務怠慢，あるいは全体の奉仕者たるにふさわしくない非行などがあった場合に行われる処分である。処分の基準については自治体ごとに定められている。

表 5 - 2 は 2018-2019 年度の教育職員の懲戒処分等の状況を示している。2019 年度に懲戒処分等を受けた教育職員は，4677 人であり，全教員数の0.51％となっている。交通違反・交通事故に次いで多かったのが体罰による処分であるが，このうち 74％は訓告などの比較的軽い処分となっている。いっ

表 5-2　教育職員の懲戒処分等の状況（2018-2019 年度）　　　（単位：人）

区分	年度	懲戒処分					訓告等	総計
		免職	停職	減給	戒告	合計		
交通違反・交通事故	2019	36	26	58	84	204	2,283	2,487
	2018	27	42	72	99	240	2,521	2,761
体罰	2019	0	18	68	56	142	408	550
	2018	0	13	73	55	141	437	578
わいせつ行為等	2019	153 (121)	50 (5)	16 (0)	9 (0)	228 (126)	45 (0)	273 (126)
	2018	163	57	18	7	245	37	282
個人情報の不適切な取扱い	2019	0	0	5	11	16	297	313
	2018	0	1	19	20	40	287	327
その他	2019	24	63	90	64	241	813	1,054
	2018	41	63	69	59	232	1,798	2,030
合計	2019	213	157	237	224	831	3,846	4,677
	2018	231	176	251	240	898	5,080	5,978

注：わいせつ行為等の令和元年度の（　）は，児童生徒に対するわいせつ行為による件数で内数。
出典：文部科学省（2020a）をもとに一部改変

　ぽう，わいせつ行為で処分を受けたものは 273 名であり，過去 2 番目に多い。このうち 56％にあたる 153 名が懲戒免職となっている（文部科学省，2020a）。

3．教員研修

（1）教員研修の種類

　教育基本法，地方公務員法，および教育公務員特例法には教員研修の重要性が明記されている。また研修の機会について，教育公務員特例法には以下のように規定されている。

> **教育公務員特例法　第二十二条**
> 教育公務員には，研修を受ける機会が与えられなければならない。

> 2　教員は，授業に支障のない限り，本属長の承認を受けて，勤務場所を離れて研修を行うことができる。
> 3　教育公務員は，任命権者の定めるところにより，現職のままで，長期にわたる研修を受けることができる。

　市町村立学校の教員の場合，本属長とは学校長を，また任命権者は都道府県教育委員会をさしている。教員研修には，都道府県教育委員会が実施する研修と，独立行政法人教職員支援機構が実施する国レベルでの研修がある。前者のうち，初任者研修と中堅教諭等資質向上研修は教育公務員特例法で定められた法定研修である。

【都道府県教育委員会が実施する研修】
○法定研修（初任者研修，中堅教諭等資質向上研修）
○教職経験に応じた研修　○職能に応じた研修　○長期派遣研修
○専門的な知識・技能に関する研修
○指導が不適切な教員に対する研修
【国レベルの研修（独立行政法人教職員支援機構が実施）】
○学校経営力の育成を目的とする研修
○研修指導者の養成等を目的とする研修

（2）法定研修

① 初任者研修

　初任者研修は，公立の小学校等の教諭らのうち，新規に採用された者を対象として，各都道府県，指定都市，中核市などの教育委員会によって実施されるもので，実践的指導力と使命感を養わせるとともに，幅広い知見を得させるため，採用の日から1年間，学級や教科・科目を担当しながら行う実践的研修である。

　2003年から導入が始まった「拠点校方式」は，「拠点校指導教員」（初任者研修に専念する教員）を初任者4人に1人の割合で配するとともに，校内にコーディネーター役の校内指導教員をおき，教科指導，生徒指導，学級経営など，

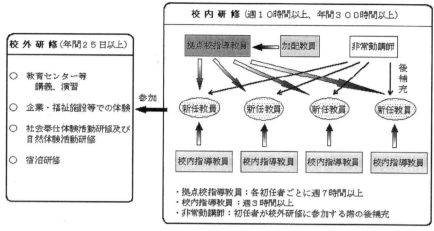

図5-2　拠点校方式

出典：文部科学省（2010）

必要な研修分野を初任者配置校の全教員で分担して指導する方式である（図5-2）。拠点校方式を実施した小・中学校は，2019年度において約7割である（文部科学省，2020b）。

②　中堅教諭等資質向上研修

中堅教諭らの資質向上をねらいとした「中堅教諭等資質向上研修」は，2016年の教育公務員特例法の改正により「10年経験者研修」から再編され，教職経験年数による対象者の設定がより柔軟化された。

2019年度のデータによると，免許更新講習の受講により中堅教諭等資質向上研修の一部を受けたこととする取り組みをしている自治体が約4割，また中堅教諭等資質向上研修を免許更新講習として認定している自治体が2割弱みられた。今後，免許更新講習との関係や免許更新講習のあり方が見直される可能性がある。

（3）指導改善研修

指導改善研修は，児童・生徒らに対する指導が不適切であると認定した教諭

らに対して実施するものである。

　「指導が不適切な教員」について，文部科学省は「『指導が不適切である』ことの具体例」（2007 年 7 月 31 日付通知）において，以下の 3 点をあげている。

　1）教科に関する専門的知識，技術等が不足しているため，学習指導を適切に行うことができない場合（教える内容に誤りが多かったり，児童等の質問に正確に答え得ることができない等）
　2）指導方法が不適切であるため，学習指導を適切に行うことができない場合（ほとんど授業内容を板書するだけで，児童等の質問を受け付けない等）
　3）児童等の心を理解する能力や意欲に欠け，学級経営や生徒指導を適切に行うことができない場合（児童等の意見を全く聞かず，対話もしないなど，児童等とのコミュニケーションをとろうとしない等）

　同年改正された教育公務員特例法においては，指導改善研修の実施方法や受講者の能力，適正等に合わせた研修計画書の作成などについて，以下のように規定されている。また期間は 1 年以内とされ，研修後も改善が不十分な場合には，免職そのほかの必要な措置を講ずることも明記されている。

教育公務員特例法
第二十五条　公立の小学校等の教諭等の任命権者は，児童，生徒又は幼児（以下「児童等」という。）に対する指導が不適切であると認定した教諭等に対して，その能力，適性等に応じて，当該指導の改善を図るために必要な事項に関する研修（以下「指導改善研修」という。）を実施しなければならない。
　2　指導改善研修の期間は，一年を超えてはならない。ただし，特に必要があると認めるときは，任命権者は，指導改善研修を開始した日から引き続き二年を超えない範囲内で，これを延長することができる。
　3　任命権者は，指導改善研修を実施するに当たり，指導改善研修を受ける者の能力，適性等に応じて，その者ごとに指導改善研修に関する計画書を作成しなければならない。
　4　任命権者は，指導改善研修の終了時において，指導改善研修を受けた者の児童等に対する指導の改善の程度に関する認定を行わなければならない。
第二十五条の二　任命権者は，前条第四項の認定において指導の改善が不十分でなお児童等に対する指導を適切に行うことができないと認める教諭等に対して，免職その他の必要な措置を講ずるものとする。

「指導が不適切な教員」と認定される教員の数は減少しており，2018年度には70名であった。教科等の指導にあたって一定の課題がみられるが，教育公務員特例法に基づく「指導が不適切な教員」であるとの認定に至らない場合には「指導に課題がある教員」として研修などの支援を行っている都道府県も多い。

4．保育士の資格制度

（1）保育士の資格について

保育士の資格については，教員の免許制度とは異なり国家資格の１つである。児童福祉法が2003年に改正され，以下のように定義をされている。

> **児童福祉法　第18条の4**
> この法律で，保育士とは，第18条の18第1項の登録を受け，保育士の名称を用いて，専門的知識及び技術をもって児童の保育及び児童の保護者に対する保育に関する指導を行うことを業とする者をいう。

保育士は，児童福祉法に基づく保育所や乳児院や児童養護施設，児童厚生施設などの児童福祉施設に主に従事する者をさしている。児童福祉施設等は厚生労働省令で定められており，幼稚園や小学校などが定められている文部科学省令とは別にそれぞれの管轄に属している。

また，資格については，保育士の定義と同じく児童福祉法において以下のとおり示されている。

> **児童福祉法　第18条の6**
> 次の次号のいずれかに該当する者は，保育士となる資格を有する。
> 1　都道府県知事の指定する保育士を養成する学校その他の施設（以下「指定保育士養成施設」という。）を卒業した者（学校教育法に基づく専門職大学の前期課程を修了した者を含む）
> 2　保育士試験に合格した者

保育士の資格の取得については，大学，短期大学，専門学校等の指定保育士

養成施設での取得と，毎年1回以上都道府県知事が行っている保育士試験での取得がある。「保育士」として働くには，就業する前に都道府県知事に対して登録申請手続きを行い，保育士証の交付を受けることが必要となる。また，秘密保持義務などの規定に違反したときは，都道府県知事は，その登録を取り消し，または期間を定めて保育士の名称の使用停止を命ずることができる。

児童福祉法　第18条の18
保育士となる資格を有する者が保育士となるには，保育士登録簿に，氏名，生年月日その他厚生労働省令で定める事項の登録を受けなければならない。
②保育士登録簿は，都道府県に備える。
③都道府県知事は，保育士の登録をしたときは，申請者に第一項に規定する事項を記載した保育士登録証を交付する。

（2）専門職としての保育士

　保育士として主に従事する保育所では，子どもの保育や家庭での子育て支援に関する専門職として，保育所保育の中核的な役割を担う存在である。保育所保育指針には，次のように示されている。

保育所保育指針
第1章 総則　1 保育所保育に関する基本原則　（1）保育所の役割
エ　保育所における保育士は，児童福祉法第18条の4の規定を踏まえ，保育所の役割及び機能が適切に発揮されるように，倫理観に裏付けられた専門的知識，技術及び判断をもって，子どもを保育するとともに，子どもの保護者に対する保育に関する指導を行うものであり，その職責を遂行するための専門性の向上に絶えず努めなければならない。

　保育所の保育士に求められる主要な知識および技術としては，保育所保育指針解説において，次の6つをあげている[1]。

---

　①これからの社会に求められる資質を踏まえながら，乳幼児期の子どもの発達に関する専門的知識を基に子どもの育ちを見通し，一人一人の子どもの発達を援助する知識及び技術

②子どもの発達過程や意欲を踏まえ，子ども自らが生活していく力を細やかに助ける生活援助の知識及び技術

③保育所内外の空間や様々な設備，遊具，素材等の物的環境，自然環境や人的環境を生かし，保育の環境を構成していく知識及び技術

④子どもの経験や興味や関心に応じて，様々な遊びを豊かに展開していくための知識及び技術

⑤子ども同士の関わりや子どもと保護者の関わりなどを見守り，その気持ちに寄り添いながら適宜必要な援助をしていく関係構築の知識及び技術

⑥保護者等への相談，助言に関する知識及び技術

　上記①〜⑥の内容をふまえながら，保育士としての職責を遂行していくことが求められている。保育士としての専門性は，幅広い知識とともに細やかな援助や，豊かな遊びへと展開できる臨機応変な対応ができる力などが求められる。日々の保育を通して，子ども理解を深めつつ省察することによって気づきや課題が明確になることや，同僚との話し合いなどを通して協働して行うことで，保育士としての専門性を磨いていくことが大切である。

　保育所では，保育士のほかに看護師，調理員，栄養士など，それぞれの職務内容をもつ保育所職員がいる。保育の質を高めるには，保育所職員の協働することの重要性について，次のように示されている。

保育所保育指針
第5章 職員の資質向上　1　職員の資質向上に関する基本的事項
（2）保育の質の向上に向けた組織的な取組
　保育所においては，保育の内容等に関する自己評価等を通じて把握した，保育の質向上に向けた課題に組織的に対応するため，保育内容の改善や保育士等の役割分担の見直し等に取り組むとともに，それぞれの職位や職務内容等に応じて，各職員が必要な知識及び技能を身につけられるよう努めなければならない。

5．保育士の研修

（1）児童福祉施設職員としての研修

保育士の研修については，児童福祉施設の職員として，児童福祉施設の設備

及び運営に関する基準，保育所保育指針にそれぞれに示されている。幼稚園教諭は，教育基本法第9条で「法律に定める学校の教員は，自己の崇高な使命を深く自覚し，絶えず研究と修養に励み，その職責の遂行に努めなければならない」として研修の義務が定められているのに対し，保育士は，児童福祉施設の設備及び運営に関する基準において，次のように示されており，努力義務とされている。

> **児童福祉施設の設備及び運営に関する基準　第7条の2**
> 2　児童福祉施設は，職員に対し，その資質の向上のための研修の機会を確保し
> 　なければならない。

（2）保育所保育職員としての研修

　研修に対して，幼稚園教諭，保育士と定められている内容に違いはあるが，研修の必要性や重要性については，保育の質の向上を図るためには同等と考えてよいだろう。保育所保育職員の研修については，以下のとおり保育所保育指針で研修機会を確保すること，体系的，計画的に実施できるよう研修計画を作成することなどが具体的に示されている。

> **保育所保育指針　第5章　職員の資質向上**
> 2　施設長の責務　（2）職員の研修機会の確保等
> 　施設長は，保育所の全体的な計画や，各職員の研修の必要性等を踏まえて，体系的・計画的な研修機会を確保するとともに，職員の勤務体制の工夫等により，職員が計画的に研修等に参加し，その専門性の向上が図られるよう努めなければならない。
> 4　研修の実施体制等　（1）体系的な研修計画の作成
> 　保育所においては，当該保育所における保育の課題や各職員のキャリアパス等も見据えて，初任者から管理職員までの職位や職務内容等を踏まえた体系的な研修計画を作成しなければならない。

　施設長は，保育を行ううえで中核となる職員の専門性の向上に必要な研修の機会を確保するために，日々の保育に支障がないよう勤務体制の調整や工夫を

することが求められている。それぞれの職員が必要としている研修に計画的に参加できるように職場環境が整えられることが大切である。

また，2017年に告示された保育所保育指針と同時期に，「保育士等キャリアアップ研修の実施について[2)]」が厚生労働省より通知された。この通知では，表5-3にある内容をふまえ，キャリアアップ研修を行うことの意義について以下のように示されている。

　現在，保育現場においては，園長，主任保育士の下で，初任後から中堅までの職員が，多様な課題への対応や若手の指導等を行うリーダー的な役割を与えられて職務にあたっており，こうした職務内容に応じた専門性の向上を図るための研修機会の充実が特に重要な課題となっています。

保育士らのキャリアアップ研修は，初任者から管理職員までが，各職務内容をふまえて研修に参加し，それぞれの経験が積めるよう設けられており，以下のような「保育士等キャリアアップ研修ガイドライン」が定められている。

　1　目的
　　保育現場におけるリーダー的職員の育成に関する研修について，一定の水準を確保するために必要な事項を定めるものとしてのガイドラインを策定
　2　実施主体
　　都道府県又は都道府県知事の指定した研修実施機関（研修実施機関は，市町村，指定保育士養成施設又は就学前の子どもに対する保育に関する研修の実績を有する非営利団体に限る）
　3　研修内容等
（1）研修分野及び対象者
　　研修は，専門分野別研修，マネジメント研修，保育実践研修の3つの分野になる。
　　それぞれの研修の対象者は次の通りになる。
　ア　専門分野別研修…保育所等の保育現場においてそれぞれの専門分野に関してリーダー的な役割を担う者
　イ　マネジメント研修…アの分野におけるリーダー的な役割を担う者としての経験があり，主任保育士の下でミドルリーダーの役割を担う者
　ウ　保育実践研修…保育所等の保育現場における実習経験の少ない者又は長期間，保育所等の保育現場で保育を行っていないもの（潜在保育士等）

表5-3　キャリアアップ研修の分野と内容

保育士等キャリアアップ研修の分野及び内容

研修分野	ねらい	内容
①乳児保育（主に0歳から3歳未満児向けの保育内容）	・乳児保育に関する理解を深め、適切な環境を構成し、個々の子どもの発達に応じた保育を行う力を養い、他の保育士等に乳児保育に関する適切な助言及び指導ができるよう、実践的な能力を身に付ける。	・乳児保育の意義 ・乳児保育の環境 ・乳児への適切な関わり ・乳児の発達に応じた保育内容 ・乳児保育の指導計画、記録及び評価
②幼児教育（主に3歳以上児向けの保育内容）	・幼児教育に関する理解を深め、適切な環境を構成し、個々の子どもの状態に応じた幼児教育を行う力を養い、他の保育士等に幼児教育に関する適切な助言及び指導ができるよう、実践的な能力を身に付ける。	・幼児教育の意義 ・幼児教育の環境 ・幼児の発達に応じた保育内容 ・幼児教育の指導計画、記録及び評価 ・小学校との接続
③障害児保育	・障害児保育に関する理解を深め、適切な障害児保育を計画し、個々の子どもの発達の状態に応じた障害児保育を行う力を養い、他の保育士等に障害児保育に関する適切な助言及び指導ができるよう、実践的な能力を身に付ける。	・障害の理解 ・障害児保育の環境 ・障害児の発達の援助 ・家庭及び関係機関との連携 ・障害児保育の指導計画及び計画

研修分野	ねらい	内容
④食育・アレルギー対応	・食育に関する理解を深め、適切に食育計画の作成や活用ができる力を養う。・アレルギー対応に関する理解を深め、適切にアレルギー対応を行うことができる力を養う。他の保育士等に食育・アレルギー対応に関する適切な助言及び指導ができるよう、実践的な能力を身に付ける。	・栄養に関する基礎知識 ・食育計画の作成と活用 ・アレルギー疾患の理解 ・保育所における食事の提供ガイドライン ・保育所におけるアレルギー対応ガイドライン
⑤保健衛生・安全対策	・保健衛生に関する理解を深め、適切に保健衛生・安全対策の作成や活用ができる力を養う。・安全対策に関する理解を深め、適切な対策を講じることができる力を養う。他の保育士等に保健衛生・安全対策に関する適切な助言及び指導ができるよう、実践的な能力を身に付ける。	・保健計画の作成と活用 ・事故防止及び健康安全管理 ・保育所における感染症対策ガイドライン ・教育・保育施設等における事故防止及び事故発生時の対応のためのガイドライン
⑥保護者支援・子育て支援	・保護者支援・子育て支援に関する理解を深め、適切な支援を行うことができる力を養う。他の保育士等に保護者支援・子育て支援に関する適切な助言及び指導ができるよう、実践的な能力を身に付ける。	・保護者支援・子育て支援の意義 ・保護者に対する相談援助 ・地域における子育て支援 ・虐待予防 ・関係機関との連携、地域資源の活用

研修分野	ねらい	内容
マネジメント	・主任保育士の下でミドルリーダーの役割を担う立場に求められる役割と知識を理解し、自園の円滑な運営と保育の質を高めるために必要なマネジメント・リーダーシップの能力を身に付ける。	・マネジメントの理解 ・リーダーシップ ・組織目標の設定 ・人材育成 ・働きやすい環境づくり

研修分野	ねらい	内容
保育実践	・子どもに対する理解を深め、保育士が主体的に様々な遊びを環境を通じて展開するために必要な能力を身に付ける。	・保育における環境構成 ・子どもとの関わり方 ・身体を使った遊び ・言葉を使った遊び ・物を使った遊び

出典：保育士等キャリアアップ研修ガイドライン概要

（2）研修内容
　「ねらい」及び「内容」の欄に掲げる内容を満たしたもの【表5-8参照】
（3）研修時間
　1分野15時間以上とする。
（4）講師
　指定保育士養成施設の教員又は研修に関して，十分な知識及び経験を有すると
して都道府県知事が認める者
（5）実施方法
　講義形式のほか，演習やグループ討議
4　研修修了の評価
　15時間以上の時間の研修を確認するとともに，レポートなどで内容や基本的
な考え方や認識を確認するものとする。

　研修の内容における研修の実施について，目的ではリーダー的職員の育成の
ためとされているが，初任者から中堅までの職員が参加できるように配慮がさ
れている。とくに，保育実践を行っていない潜在保育士や実習経験の少ない者
を対象とする保育実践研修を設けていることなどから，それぞれの立場での保
育実践での課題や適性に合わせて参加できるように定められている。

　研修分野の専門分野別研修では，①乳児保育，②幼児教育，③障害児保育，
④食育・アレルギー対応，⑤保健衛生・安全対策，⑥保護者支援・子育て支援
の6つの分野がある（表5-3）。中堅となった保育士は，担当する業務によっ
て，この6つの分野について専門的な知識や技能を高めていくことが求められ
ている。

　保育士として従事する施設は，保育所のほかにも認可外保育施設や地域型保
育事業など幅広くある。このような研修を行うことによって，多様な施設にお
いて，保育実践の質の向上にもつながることになる。

6．認定こども園における保育教諭の資格

　認定こども園には，幼保連携型，幼稚園型，保育所型，地方裁量型の4つの
種別があるが，「就学前の子どもに関する教育，保育等の総合的な提供の推進
に関する法律」（認定こども園法）によって単一の施設として定められている幼

保連携型認定こども園を中心にみていく。

　認定こども園における保育教諭は，認定こども園法で次のように定められている。

> **認定こども園法　第三章 幼保連携型認定こども園**
> （職員の資格）
> **第十五条**　主幹保育教諭，指導教諭，保育教諭及び講師（保育教諭に準ずる職務に従事するものに限る。）は，幼稚園の教諭の普通免許状（教育職員免許法第四条第二項に規定する普通免許状をいう。以下この条において同じ。）を有し，かつ，児童福祉法第十八条の十八第一項の登録（第四項及び第三十九条において単に「登録」という。）を受けた者でなければならない。

　認定こども園は，子どもに対する学校としての教育（幼稚園としての機能）と，児童福祉施設としての保育（保育所としての機能）を併せもつ施設としている。そのことからも，その施設に従事する者は保育教諭として，幼稚園教諭免許状と保育士証（保育士登録したもの）の両方が保育教諭の資格として必要となる。また，保育教諭としてもつ幼稚園教諭免許状は，幼稚園と同様に教員免許更新制が適用される。

7．保育教諭の研修

（1）幼保連携型認定こども園における法的位置づけについて

　幼保連携型認定こども園教育・保育要領には，保育所保育指針のように研修についての詳細な記載はされていない。そこで，幼保連携型認定こども園における位置づけについて確認する必要がある。幼保連携型認定こども園は，教育基本法上の「法律に定める学校」となる。幼保連携型認定こども園は，法体系全体を通じて，「幼稚園」と同等の法的位置づけになるように，多種多様な法令で設けられている「学校」に係る規制や特例などについても幼保連携型認定こども園には適用することとされている（図5-3）[3]。

　幼保連携型認定こども園においては，「法律に定める学校」であり，「幼稚園」と同等の法的位置づけになるように考えられることから，研修についても

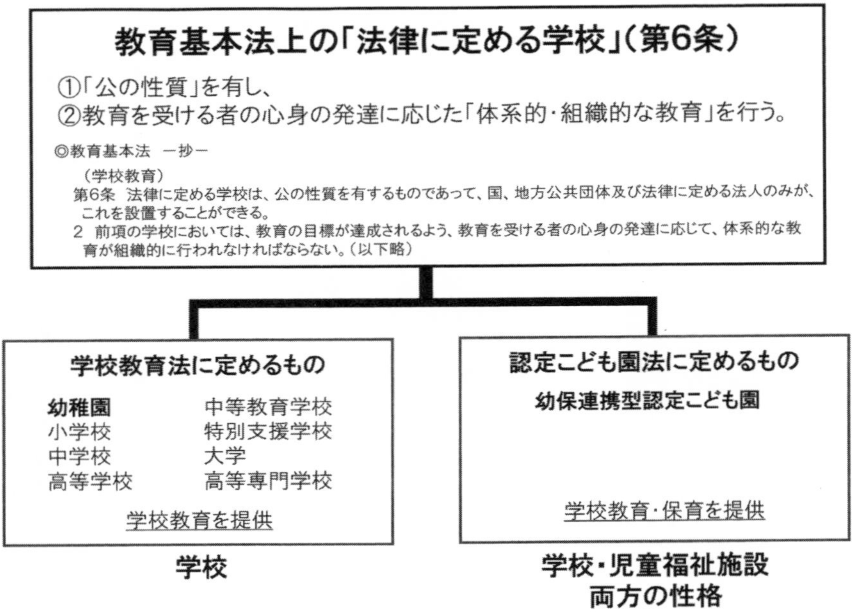

図5-3　教育基本法における幼保連携型認定こども園

出典：文部科学省（2013）

幼稚園と同じような扱いとして取り扱われる。

（2）保育教諭としての研修

　保育教諭としての研修は，幼稚園教諭と同じく教育基本法第9条に基づいており，研修は義務となる。

教育基本法　第9条（教員）
法律に定める学校の教員は，自己の崇高な使命を深く自覚し，絶えず研究と修養に励み，その職責の遂行に努めなければならない。
2　前項の教員については，その使命と職責の重要性にかんがみ，その身分は尊重され，待遇の適正が期せられるとともに，養成と研修の充実が図られなければならない。

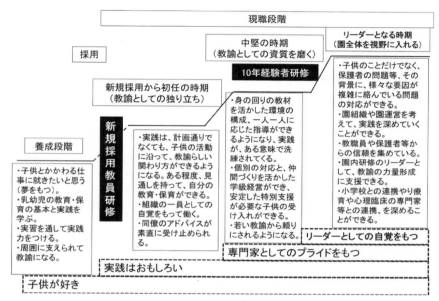

図 5-4 幼稚園教諭・保育教諭のための研修ガイド
出典：保育教諭養成課程研究会（2016）

　研修の内容について，保育教諭養成課程研究会では，「幼稚園教諭・保育教諭のための研修ガイド」を作成している。そのなかでは，実践において経験を積むためにたどる具体的な道筋が示されている（図5-4）。

　幼稚園教諭，保育教諭においても，保育士と同様に道筋が示されることによって，専門性を経験とともに深めていくことができる。初任者から中堅以降についても明確化されることで，職業としての見通しを捉えることができることも大事なことである。

（3）園内研修と園外研修について

　研修には，主に幼稚園や認定こども園の施設内で行う園内研修と施設の外で講義や演習を受ける園外研修がある。新任者に対しては，1992年から教育公務員特例法の定めによって，公立幼稚園の新規採用教員を対象に都道府県・指

定都市教育委員会によって実施されている。具体的な実施内容は地域などで定められているが，文部科学省では，各地域での研修が一定の水準のもとに効果的に行われるように「新規採用教員研修に関する文部科学省モデル」が作成されており，園内研修，園外研修ともに 10 日間が設定されている。そこでは，「園内研修・園外研修の研修内容」として，4 つの領域，①基礎的素養，②学級経営，③教育課程・全体的な計画・指導計画，④乳幼児理解をそれぞれの研修で受けられるように例示されている。

　上記のような研修を実施することで，新任者が実践のなかで経験する葛藤や不安に対して，支援ができるような仕組みになっている。

参考・引用文献
厚生労働省（2018）「保育所保育指針解説」
内閣府・文部科学省・厚生労働省（2018）「幼保連携型認定こども園教育・保育要領解説」
保育教諭養成課程研究会（2016）「幼稚園教諭・保育教諭のための研修ガイドⅡ」
文部科学省（2010）「初任者研修実施状況調査結果（平成 21 年度）について」
文部科学省（2013）「認定こども園に関する留意点について」
文部科学省（2020a）「令和元年度公立学校教職員の人事行政状況調査について」
文部科学省（2020b）「初任者研修実施状況調査結果（令和元年度）について」

注
1）厚生労働省（2018）「保育所保育指針解説」17 頁。
2）厚生労働省（2017）「保育士等のキャリアアップ研修の実施について」https://www.mhlw.go.jp/content/000525827.pdf（2021 年 4 月 12 日最終閲覧）。
3）文部科学省（2013）「認定こども園に関する留意点について」https://www8.cao.go.jp/shoushi/shinseido/administer/setsumeikai/h250215/pdf/s8.pdf, p.2（2021 年 4 月 12 日最終閲覧）。

本章の課題

1．学校に副校長や主幹教諭，指導教諭などの新たな役職が加わることで，学校組織はどのような影響をうけるでしょうか。メリットとデメリットの両面で考えてみましょう。
2．保育士として研修の効果を高めるために，どのような工夫ができるか考えてみましょう。

第 **6** 章
子どもの権利と安全

　いじめや不登校，貧困などにより，いま社会のなかで苦しい思いをしている子どもたちが増えています。このような子どもたちに対して，どのような形で支援が行われているのでしょうか。また子どもたちの人権や安全を守るために私たちに何ができるのでしょうか。

　本章では，学校や保育所において子どもたちを守るための仕組みについて知るとともに，子どもたちの人権を守るためにどのような法律が整備され，どのような取り組みがなされているのかについて学ぶことを目的としています。

１．問題行動

（１）いじめ

　いじめが大きな社会問題として捉えられるなか，2013 年に「いじめ防止対策推進法」が制定された。第 1 条には目的が明記されている。

> いじめ防止対策推進法　第一条
> 　この法律は，いじめが，いじめを受けた児童等の教育を受ける権利を著しく侵害し，その心身の健全な成長及び人格の形成に重大な影響を与えるのみならず，その生命又は身体に重大な危険を生じさせるおそれがあるものであることに鑑み，児童等の尊厳を保持するため，いじめの防止等（いじめの防止，いじめの早期発見及びいじめへの対処をいう。以下同じ。）のための対策に関し，基本理念を定め，国及び地方公共団体等の責務を明らかにし，並びにいじめの防止等のための対策に関する基本的な方針の策定について定めるとともに，いじめの防止等のための対策の基本となる事項を定めることにより，いじめの防止等のための対

策を総合的かつ効果的に推進することを目的とする。

　これをみると，いじめの特徴として以下の3点をあげている。

1）教育を受ける権利を著しく侵害する。
2）心身の健全な成長及び人格の形成に重大な影響を与える。
3）生命または身体に重大な危険を生じさせる

　これをふまえたうえで，いじめを防止し，早期に発見し，またいじめへの対処を行うために国や地方公共団体の責務を明らかにして，対策を「総合的かつ効果的に」推進することを目的として示している。

　また，いじめの定義についても，「当該児童等と一定の人的関係にある他の児童等が行う心理的又は物理的な影響を与える行為（インターネットを通じて行われるものを含む。）であって，当該行為の対象となった児童等が心身の苦痛を感じているものをいう」と明記したうえで，いじめの禁止を規定している。このように，いじめ防止対策推進法は，かなり具体的で踏み込んだ内容となっているが，法律が施行されたあともいじめの件数は減少することはなく，むしろ増加している。図6-1はいじめの発生件数の推移を示している。

　図をみると，法律が制定された2013年以降，とくに小・中学校において増加している。2019年度は小学校が48万4545件，中学校が10万6524件，高等学校1万8352件，特別支援学校3075件，計61万2496件と，前年度を大きく上回っている（文部科学省，2020）。

　いじめが減少しないことから，文部科学省は2017年3月，「いじめ防止等のための基本的な方針」（2013年制定）の改訂を行った。改訂の概要のポイントは以下のとおりである。

1）「けんか」や「ふざけ」などでもいじめと認知されることがあるなど，定義の再検討
2）いじめ防止のための対応について，学校評価項目に位置付け
3）いじめに関する情報の共有と学校組織としての対応
4）いじめを未然に防止するための道徳教育の充実

5）いじめの解消の定義の再検討
6）保護者などに対する法の趣旨等の理解の増進
7）国立・私立学校に対する教育委員会の支援
8）学校として特に配慮が必要な児童生徒についての対応

　さらに2018年12月には，「学校等と法務省の人権擁護機関との連携強化について（通知）」により子どもの人権を擁護するための方策について示した。また2019年3月には，「いじめ問題への的確な対応に向けた警察との連携について（通知）」により警察との連携強化を図り，犯罪行為に当たるいじめの適正な対応について警察の対応を求める方針を示している。具体的には，警察において連絡窓口を指定しておくことや，スクールサポーター制度の活用などを推進している。警察署などの少年担当課の少年サポートセンターに配置されているスクールサポーターによる学校訪問や校内巡回を求めるなど，学校が積極的な受入れを図ることを求めている。

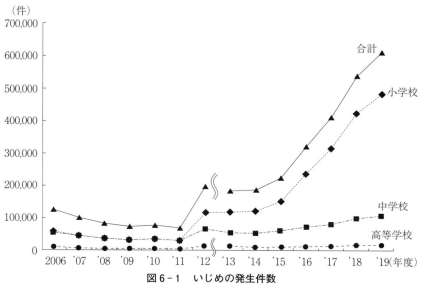

図6-1　いじめの発生件数
出典：文部科学省（2020）をもとに一部改変

　以上のように，法律の制定後もいじめがあとを絶たないのは，より徹底した対応が求められているからだという認識のもと，さまざまな施策が打ち出されているが，より本質的な心の問題に踏み込むことは容易ではない。

（2）不登校

① 不登校の現状

　「不登校」とは，病気または経済的理由以外に何らかの理由により30日以上学校を欠席している状態をいう。図6-2と図6-3は不登校児童・生徒数の推移を示している。小・中学校ともに2012〜2019年にかけて急増しており，2019年度の不登校児童・生徒は，小学校5万3350人，中学校12万7922人である。高等学校については2004年から増減を繰り返しているが，2019年度は5万100人と，依然として高水準である。

　不登校の主な要因として最も多いのが「無気力・不安」であり，そのほかの理由としては「いじめを除く友人関係をめぐる問題」「親子の関わり方」などとなっている。

② 不登校に対する取り組み

　不登校の児童・生徒に対しては，学校内外における施設や組織を通した取り組みが行われている。主な取り組みは以下のとおりである。

【学校外】
1）教育支援センター（適応指導教室）
2）上記以外の教育委員会等の所管機関
3）児童相談所，福祉事務所
4）保健所，精神保健福祉センター
5）病院，診療所
6）民間団体，民間施設
【学校内】
1）養護教諭による専門的指導
2）スクールカウンセラー，相談員等による専門的指導

　教育支援センターは，不登校の児童・生徒が社会的に自立し，学校へ復帰す

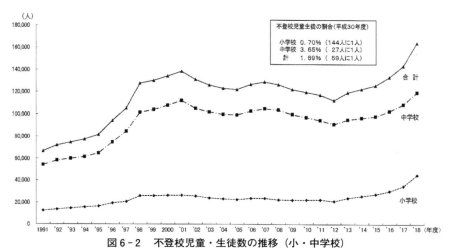

図6-2　不登校児童・生徒数の推移（小・中学校）

出典：文部科学省（2020）をもとに一部改変

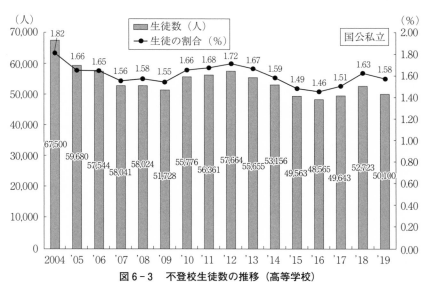

図6-3　不登校生徒数の推移（高等学校）

出典：文部科学省（2020）をもとに一部改変

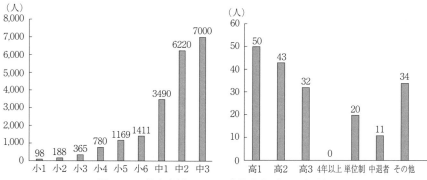

図6-4　教育支援センター在籍者数（2017年度）

出典：文部科学省（2019a）

るための支援を行うために，教育委員会が設置している施設である。学習支援のほか，生活改善の改善や集団生活への適応などを促すプログラムがある。

　文部科学省（2019a）の調査によると，2017年度において，全国で約63％の自治体が教育支援センターを設置している。2017年度の学年別在籍者を示している図6-4をみると，義務教育段階では学年が上がるほど増加し，中学3年生で7000人となっている。またこれらの児童・生徒のうち，小・中学校で9割以上，高等学校で2割以上が，指導要録上出席扱いとされている。

　2019年10月に文部科学省から通知された「不登校児童生徒への支援の在り方について」は，1992年から何度か出された通知の最終版であり，今後の不登校児童・生徒に対する対応の指針となるものである。ポイントを整理すると，以下のようになる（文部科学省，2019c）。

　1）「学校復帰」よりも，不登校の期間を休養や自分を見つめなおす時間と捉え「社会的に自立する」ことをめざす。
　2）フリースクールなどの民間団体等との連携の強化やICTや夜間中学を活用した取組をより一層推進する。
　3）「義務教育の段階における普通教育に相当する教育の機会の確保等に関する法律」（教育機会確保法）の周知を徹底し，個々の児童生徒および保護者の状況に応じた支援等を推進する。

　教育機会確保法は,「教育基本法及び児童の権利に関する条約等の趣旨にのっとり, 不登校児童生徒に対する教育機会の確保, 夜間等において授業を行う学校における就学機会の提供その他の義務教育の段階における普通教育に相当する教育の機会の確保等を総合的に推進すること」(文部科学省, 2016a) を目的として 2016 年に制定された。このような流れは, わが国の義務教育のあり方が本質的に変容しつつあると捉えることもできる。

2．懲戒と体罰

（1）児童・生徒に対する懲戒

　児童・生徒に対する懲戒には「事実行為としての懲戒」と「処分としての懲戒」の 2 つがある。「事実行為としての懲戒」とは, 注意をする, 叱るなど, 何らかのペナルティを課すなどの行為としての懲戒であり, 校長・教員が行う。「処分としての懲戒」は停学, 退学などをさし, 校長が行う。懲戒については, 以下のように学校教育法施行規則第 26 条に規定されている。

学校教育法施行規則　第二十六条
校長及び教員が児童等に懲戒を加えるに当つては, 児童等の心身の発達に応ずる等教育上必要な配慮をしなければならない。
2　懲戒のうち, 退学, 停学及び訓告の処分は, 校長が行う。
3　前項の退学は, 公立の小学校, 中学校, 義務教育学校又は特別支援学校に在学する学齢児童又は学齢生徒を除き, 次の各号のいずれかに該当する児童等に対して行うことができる。
　一　性行不良で改善の見込がないと認められる者
　二　学力劣等で成業の見込がないと認められる者
　三　正当の理由がなくて出席常でない者
　四　学校の秩序を乱し, その他学生又は生徒としての本分に反した者
4　第二項の停学は, 学齢児童又は学齢生徒に対しては, 行うことができない。

　懲戒において最も重視されるのが「教育的配慮」である。児童・生徒の発達段階や資質などを十分に配慮する必要がある。義務教育段階の学齢児童・生徒 (公立の場合) に対して退学処分はできない。またすべての学齢児童・生徒に対

して停学も行うことはできない。停学に代わる制度として「出席停止」があり，学校教育法において以下のように定められている。

学校教育法　第三十五条

市町村の教育委員会は，次に掲げる行為の一又は二以上を繰り返し行う等性行不良であって他の児童の教育に妨げがあると認める児童があるときは，その保護者に対して，児童の出席停止を命ずることができる。

　　一　他の児童に傷害，心身の苦痛又は財産上の損失を与える行為
　　二　職員に傷害又は心身の苦痛を与える行為
　　三　施設又は設備を損壊する行為
　　四　授業その他の教育活動の実施を妨げる行為

　出席停止については，その適切な適用について議論が重ねられてきたが，あらかじめ保護者の意見を聴取することや，権限が教育委員会にあること，当該児童・生徒に対する出席停止中の学習に対する支援等の措置を求められることなどの条件があり，制度が十分に機能しているとはいえない。

（2）体罰

　わが国における体罰禁止規定の歴史は古く，1879（明治12）年の教育令46条において「凡学校に於ては生徒に体罰（殴ち又は縛る類）を加ふべからず」との記載がある。また1900（明治33）年の小学校令47条は「小学校長及教員は教育上必要と認めたるときは児童に懲戒を加ふることを得但し体罰を加ふることを得ず」とあり，現在の学校教育法第11条と酷似している。

学校教育法　第十一条

校長及び教員は，教育上必要があると認めるときは，文部科学大臣の定めるところにより，児童，生徒及び学生に懲戒を加えることができる。ただし，体罰を加えることはできない。

　体罰禁止規定は体罰の定義などについての記載がないことから，その解釈は判例などによって影響を受けてきた。2013年には「体罰の禁止及び児童生徒理解に基づく指導の徹底について（通知）」が出され，懲戒と体罰の区別につ

いて再認識を促している（文部科学省，2013）。ポイントは以下のとおりである。

【懲戒と体罰の区別について】
・児童生徒に対して行った懲戒行為が体罰に当たるかどうかは，当該児童生徒の年齢，健康，心身の発達状況，当該行為が行われた場所的及び時間的環境，懲戒の態様等の諸条件を総合的に考え，個々の事案ごとに客観的に判断する。
・その懲戒の内容が身体的性質のもの，すなわち，身体に対する侵害を内容とするもの（殴る，蹴る等），児童生徒に肉体的苦痛を与えるようなもの（正座・直立等特定の姿勢を長時間にわたって保持させる等）に当たると判断された場合は，体罰に該当する。
【正当防衛及び正当行為について】
・児童生徒の暴力行為等に対しては，毅然とした姿勢で教職員一体となって対応し，児童生徒が安心して学べる環境を確保することが必要である。
・児童生徒から教員等に対する暴力行為に対して，教員等が防衛のためにやむを得ずした有形力の行使は，もとより教育上の措置たる懲戒行為として行われたものではなく，これにより身体への侵害又は肉体的苦痛を与えた場合は体罰には該当しない。また，他の児童・生徒に被害を及ぼすような暴力行為に対して，これを制止したり，目前の危険を回避したりするためにやむを得ずした有形力の行使についても，同様に体罰に当たらない。これらの行為については，正当防衛又は正当行為等として刑事上又は民事上の責めを免れうる。

「有形力の行使」とは，1981 年の「水戸五中事件」東京高裁判決における判決文で使用された言葉で「強度の外的刺激」をさし，物理的行使でありながら体罰ではないものを意味している。

3．学校事故と危機管理

　学校事故とは学校管理下における事故をさす。学校管理下にあたるのは以下の場合である。

---

1 ）学校が編成した教育課程に基づく授業を受けているとき
2 ）学校の教育計画に基づく課外指導を受けているとき
3 ）休憩時間中，その他校長の指示または承認にもとづいて学校にあるとき
4 ）通常の経路および方法により通学するとき
5 ）寄宿舎にあるとき

　文部科学省は，2016年の「学校事故に関する指針」で，事故の未然防止のための方法から被害者児童・生徒の保護者支援に至るまで，具体的な取り組みについて示している。図6-5は，指針に示された学校事故対応の流れである。

　学校における安全については，事故以外にも災害時の対応やアレルギー対策など，さまざまな危機に対する対応が求められている。各学校においては，事故や災害が起きた時の対応マニュアルの作成が義務づけられており，教職員は日ごろからマニュアルを理解し，訓練を行うことが重要である。

> **学校保健安全法　第二十九条**
> 学校においては，児童生徒等の安全の確保を図るため，当該学校の実情に応じて，危険等発生時において当該学校の職員がとるべき措置の具体的内容及び手順を定めた対処要領（次項において「危険等発生時対処要領」という。）を作成するものとする。

　学校を支援するために，文部科学省は2018年2月に「学校の危機管理マニュアル作成の手引」を発表した。ここでは体制整備や避難訓練，安全教育などの事前の危機管理と，個別の危機に対する対応，さらに事後の心のケアなどについても述べられている（文部科学省，2018）。

４．幼稚園・保育所における子どもの安全

（1）危機管理と安全・安心

　安全とは，「心身や物品に危害をもたらす様々な危険や災害が防止され，万が一，事件や事故，災害等が発生した場合には，被害を最小限にするために適切に対処された状態である」と，文部科学省では定義している。つまり，安全を確保するには，早期に危険を発見し，発生を極力未然に防ぐことを中心とした事前の危機管理（リスク・マネージメント）と，万が一，発生してしまった場合には適切・迅速に対処し，被害を最小限に抑え，再発防止と通常の生活の再開をめざす事後の危機管理（クライシス・マネージメント）が必要であるということである。

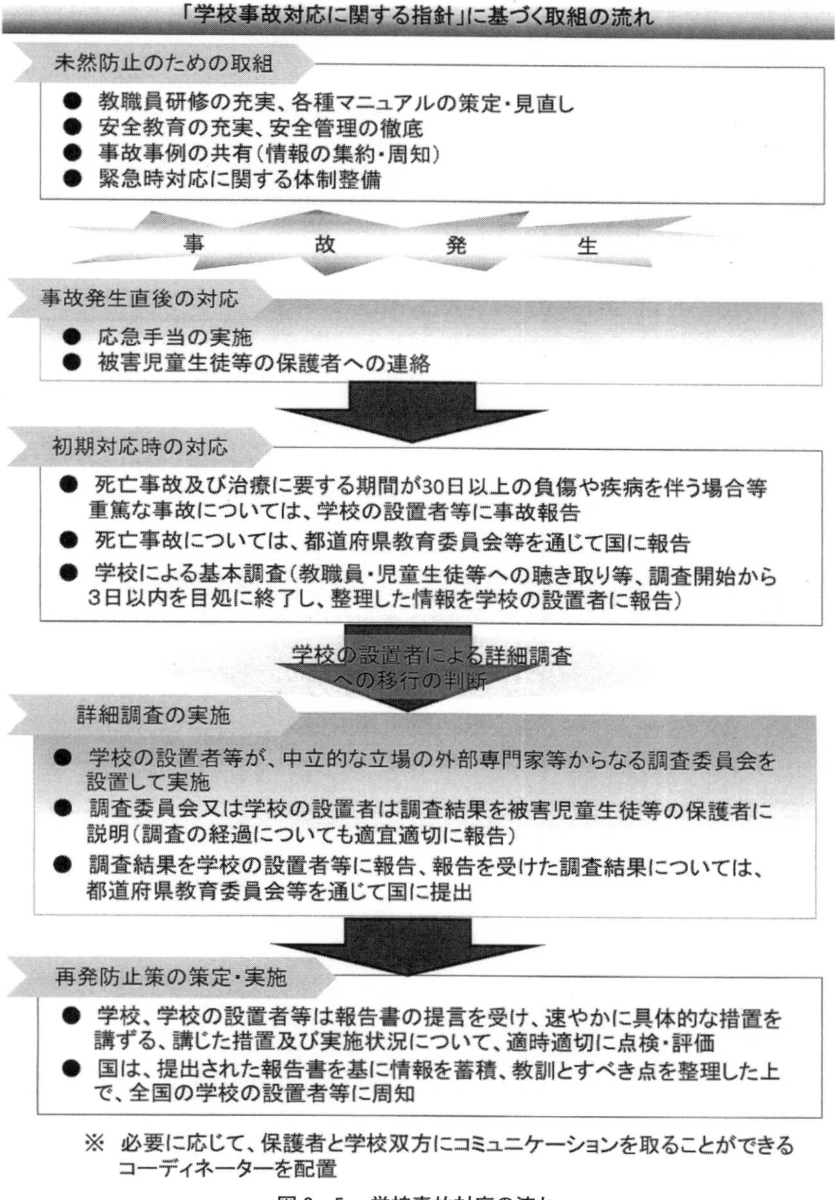

「学校事故対応に関する指針」に基づく取組の流れ

未然防止のための取組

- 教職員研修の充実、各種マニュアルの策定・見直し
- 安全教育の充実、安全管理の徹底
- 事故事例の共有（情報の集約・周知）
- 緊急時対応に関する体制整備

事　　　故　　　発　　　生

事故発生直後の対応

- 応急手当の実施
- 被害児童生徒等の保護者への連絡

初期対応時の対応

- 死亡事故及び治療に要する期間が30日以上の負傷や疾病を伴う場合等重篤な事故については、学校の設置者等に事故報告
- 死亡事故については、都道府県教育委員会等を通じて国に報告
- 学校による基本調査（教職員・児童生徒等への聴き取り等、調査開始から3日以内を目処に終了し、整理した情報を学校の設置者に報告）

学校の設置者による詳細調査
への移行の判断

詳細調査の実施

- 学校の設置者等が、中立的な立場の外部専門家等からなる調査委員会を設置して実施
- 調査委員会又は学校の設置者は調査結果を被害児童生徒等の保護者に説明（調査の経過についても適宜適切に報告）
- 調査結果を学校の設置者等に報告、報告を受けた調査結果については、都道府県教育委員会等を通じて国に提出

再発防止策の策定・実施

- 学校、学校の設置者等は報告書の提言を受け、速やかに具体的な措置を講ずる、講じた措置及び実施状況について、適時適切に点検・評価
- 国は、提出された報告書を基に情報を蓄積、教訓とすべき点を整理した上で、全国の学校の設置者等に周知

※　必要に応じて、保護者と学校双方にコミュニケーションを取ることができるコーディネーターを配置

図6-5　学校事故対応の流れ

出典：文部科学省（2016b）

　この安全の確保には，大人が行う安全管理が重要であるが，危険のない場を
つくり禁止事項を増やしても，事件や事故はなくならない。そのことは，文部
科学省の定める「学校安全のねらい」をみるとわかる。

> 　学校安全のねらいは，児童生徒等が自ら安全に行動し，他の人や社会の安全に
> 貢献できる資質・能力を育成するとともに，児童生徒等の安全を確保するための
> 環境を整えることである。
>
> 　　　　　　　　　　　　　　「生きる力」をはぐくむ学校での安全教育

　教職員には，子どもたちを守るために安全な環境を提供するだけでなく，子
どもたち自らが安全に行動し，他者や社会の安全に貢献できるように育むとい
う「安全教育」を積み重ね育てていくことも必要である。文部科学省が示して
いる安全教育の体系を幼児期の教育に置き換えると，下記のようになる。

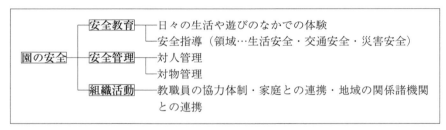

（2）乳幼児の発達と事件・事故の関連

　乳幼児が事件や事故にあう原因の1つに，発達の特性がある。乳幼児は心身
が成長の過程にあるための安全管理と，同時に心身を育んでいくことも重要な
のである。乳幼児には，危険につながる次のような特性がみられる。

> 【身体面】
> ・全身・手先の動きが未熟である。自分の思うように動かせない。
> ・頭が大きく，重い。
> ・身長が低い。
> ・視野が狭い。
> ・噛む力・飲み込む力が弱い。

・じっとしていられない。急に止まれない。
【知的面】
・体験したことで認識し自分中心に受け止める。正しい知識とは限らない。
・「知ってる！」と言っても，本当に理解しているとは限らない。
・友だちのことは批判できるが，判断力は未熟である。
【感情面】
・大人を頼りにしている。依存から自立に向かっている。
・知性よりも感情が優位で，周りが見えなくなることもある。
・好奇心が旺盛で，危険なことでも興味をもって近づいてしまう。
・イメージの世界に生きているため，物語の登場人物になって自分の能力以上の
　ことをしてしまう。

　こうした特性をふまえて子どもを守り育てていくためには，日々の生活や遊
びを通して，何が危険なのか具体的に理解できるようにし，実際に経験しなが
ら体の動き・判断力・気持ちを育てることが大切である。大人の言うことを聞
くことは大切であるが，「いけない」と言われて従うのではなく，必要性・重
要性を実感し，子どもなりに危険に気づき回避できる力を育てていくことが重
要である。

（3）自分を守ろうとする子どもを育てる教職員の役割

　幼稚園教育要領では，安全に関することは，心身の健康に関する領域「健
康」に記載されている。

　１．ねらい
　（3）健康，安全な生活に必要な習慣や態度を身に付け，見通しをもって行動
　する。
　２．内容
　（10）危険な場所，危険な遊び方，災害時などの行動の仕方が分かり，安全に
　気を付けて行動する。
　３．内容の取扱い
　（6）安全に関する指導に当たっては，情緒の安定を図り，遊びを通して安全
　についての構えを身に付け，危険な場所や事物などが分かり，安全についての
　理解を深めるようにすること。また，交通安全の習慣を身に付けるようにする

とともに，避難訓練などを通して，災害などの緊急時に適切な行動がとれるようにすること。

　幼児期の教育では，環境を通して行うことを基本とし，幼児の自主的な活動である遊びを幼児の成長に重要な学習としている。このことをふまえた安全教育は，年齢や時期に応じた計画的な安全指導の積み上げと，園生活や遊びのなかでの具体的な場面での指導をリンクさせることが大切である。

　また，身体の動きが未熟なので，少しずつ自分の思うように身体を動かせるようになることも必要である。今の5歳児は20年前の3歳児の体力・運動能力だという話がある。昔なら自分で避けることができた事故も，今はけがにつながる。たとえば，何かにつまずいたときに咄嗟に手が出ず転んで顔をぶつけたり，災害時に素早く階段を降りることができず避難に手間取ったりしている。子どもたちをとりまく環境の変化により生活が便利になり自分の足を使う機会が減っている。身体を動かして思う存分遊ぶ安全な場は少なくなり，習い事などのため降園後の遊びの時間がなくなり，少子化により近くに遊び相手の友だちもいない。園から一歩出ると，身体の成長を促す運動的な遊びに取り組む経験ができにくくなっている。園において思わず身体を動かしたくなる環境を整備し，体力・運動能力の向上を図ることも，間接的な意味での安全教育である。

　幼稚園教育要領では，領域「健康」に安全に直接関係する文章が記載されている。しかし，幼児期の教育は小学校以降の教科学習と違い，子どもたちは遊びを通して総合的に発達していくことを考えれば，領域「健康」だけが関係するのではないと考える必要がある。幼児のさまざまな能力は，1つの遊び・活動のなかで関連して同時に発揮されるからである。

　文部科学省では各校種の安全教育の目標を定め，幼稚園は次のようにある。

幼稚園における安全教育の目標
　日常生活の場面で，危険な場所，危険な遊び方などが分かり，安全な生活に必要な習慣や態度を身に付けることができるようにする。
　また，災害時などの行動の仕方については，教職員や保護者の指示に従い行動できるようにするとともに，危険な状態を発見した時には教職員や保護者など近

くの大人に伝えることができるようにする。

　　　　　　　　　　　　　　　　「生きる力」をはぐくむ学校での安全教育

　このなかには，自分を守るための判断力や動きだけでなく，万が一のときには大人の指示に従う，つまり，話をしっかり聞き理解して行動に移すことや，相手に危険を伝え自分以外の人も守ろうとすることも含まれている。そのことを他の領域との関連で考えると，経験したことや考えたことなどを自分なりの言葉で表し，相手の話す言葉を聞こうとする意欲や態度を育て，言葉に対する感覚や言葉で表現する力を養う領域「言葉」のねらいや内容，ほかの人々と親しみ，支え合って生活するために，自立心を育て，人とかかわる力を養う領域「人間関係」のねらいや内容，周囲のさまざまな環境に好奇心や探求心をもってかかわり，それらを生活に取り入れていこうとする力を養う領域「環境」のねらいや内容も確認のうえ，安全教育も総合的に進めていくことが望まれる。

（4）教職員・保護者との連携

　安全は，教職員や保護者一人ひとりの意識が重要であるが，一人で安全を確保することはできない。

　保護者との連携に関しては，生活安全の視点では，子どもたちの発達と起きやすい事故・事件について情報を提供し，ともに安全に対する構えを育むことが大切である。また，交通安全は，園だけでは指導しきれない。散歩や遠足など大勢が一斉に行動するときに，子ども一人ひとりに交通ルールを判断させ行動に移すことはかえって危険である。親子で園に毎日行き来する際に，保護者には交通ルールを守る姿をモデルとしてみせてもらうことが何よりの安全指導になる。小学生になれば保護者は同伴しない。入学が近づいたら自宅から小学校までの道を親子で歩きながら，どこで何を見て判断したらいいかを具体的に伝える役割は保護者にあることを伝え，保護者と園が連携していくことが必要である。

　教職員の連携に関しては，教職員の危機管理意識，安全に関する知識や技能

を向上させるために，園内外での研修は重要である。たとえば，食物アレルギーのアナフィラキシーショックに対応するエピペンの使い方，プールの溺水などに対応する AED の連携した取扱いなどは，一度すればいいことではなく，繰り返しのなかで教職員が慌てずに対応できるようになっていく。ともに研修を受けるなかで危機意識を共有し，一人でできないことも実感することで，教職員の協力体制は強くなっていく。

　園の子どもたちは教職員の全員で守り育てる姿勢が死角をカバーし，危機回避につながる。教職員が子どもたちの成長や課題を共有し，視野を広げて声をかけ合い，幼児の主体的な活動を大切にしつつ，多くの頭と目と手で安全・安心で活気ある環境の配慮や指導の工夫を行い，子どもたちを育んでいくとが大切である。

5．児童虐待
（1）子どもの人権

　児童虐待とは，保護者，または保護者にかわる立場にある者が，何の非もない子どもたちに自分の感情をぶつけ，心身を傷つける行為である。それは，子どもの心身の成長だけでなく人格の形成に影響を与える最も重大な権利侵害である。

　子どもの権利という視点では，日本にはその核となる「児童憲章」（1951 年制定）がある。

> 児童憲章
> われらは，日本国憲法の精神にしたがい，児童に対する正しい観念を確立し，すべての児童の幸福をはかるため，この憲章を定める。
> 　　児童は，人として尊ばれる。
> 　　児童は，社会の一員として重んぜられる。
> 　　児童は，よい環境の中で育てられる。
> 一　すべての児童は，心身ともに健やかにうまれ，育てられ，その生活を保障される。
> 二　すべての児童は，家庭で，正しい愛情と知識と技術をもつて育てられ，家庭

に恵まれない児童には，これにかわる環境が与えられる。

三　すべての児童は，適当な栄養と住居と被服が与えられ，また，疾病と災害からまもられる。

四　すべての児童は，個性と能力に応じて教育され，社会の一員としての責任を自主的に果たすように，みちびかれる。

五　すべての児童は，自然を愛し，科学と芸術を尊ぶように，みちびかれ，また，道徳的心情がつちかわれる。

六　すべての児童は，就学のみちを確保され，また，十分に整った教育の施設を用意される。

七　すべての児童は，職業指導を受ける機会が与えられる。

八　すべての児童は，その労働において，心身の発育が阻害されず，教育を受ける機会が失われず，また，児童としての生活がさまたげられないように十分に保護される。

九　すべての児童は，よい遊び場と文化財を用意され，悪い環境からまもられる。

十　すべての児童は，虐待・酷使・放任その他不当な取扱からまもられる。あやまちをおかした児童は，適切に保護指導される。

十一　すべての児童は，身体が不自由な場合，または精神の機能が不充分な場合に，適切な治療と教育と保護が与えられる。

十二　すべての児童は，愛とまことによって結ばれ，よい国民として人類の平和と文化に貢献するように，みちびかれる。

第二次世界大戦後の混乱期，国民の衣食住が満たされず教育どころではない日本において，だからこそ，未来を担う子どもを健全に愛情をもって育てようとしていた当時の思いが込められている。

また世界的には，戦争や干ばつなどによる劣悪な環境から子どもの命と人権を守るため，「児童の権利に関する条約」（子どもの権利条約）が 1989 年に国連総会において全会一致で採択され，日本も 1994 年に批准している。保育のなかでよく出てくる「最善の利益」という言葉は，ここからきている。

児童の権利に関する条約
3 条 1　　児童に関するすべての措置をとるに当たっては，公的若しくは私的な社会福祉施設，裁判所，行政当局又は立法機関のいずれによって行われるものであっても，児童の最善の利益が主として考慮されるものとする。

> 19条1　締約国は，児童が父母，法定保護者又は児童を監護する他の者による監護を受けている間において，あらゆる形態の身体的若しくは精神的な暴力，傷害若しくは虐待，放置若しくは怠慢な取扱い，不当な取扱い又は搾取（性的虐待を含む。）からその児童を保護するためすべての適当な立法上，行政上，社会上及び教育上の措置をとる。

しかし，虐待による痛ましい事件の増加を受け，2000年に「児童虐待の防止に関する法律」（児童虐待防止法）が制定された。

（2）児童虐待とは

虐待の種類は，児童虐待防止法には次のように定義されている。

> 【身体的虐待】　児童の身体に外傷が生じ，又は生じるおそれのある暴行を与えること。
> 【性的虐待】　児童にわいせつな行為をすること，又は児童をしてわいせつな行為をさせること。
> 【ネグレクト】　児童の心身の正常な成長を妨げるような著しい減食，又は長時間の放置，保護者以外の同居人による虐待行為を放置その他の保護者としての監護を著しく怠ること。
> 【心理的虐待】　児童に著しい暴言，又は著しく拒否的な対応，児童が同居する家庭における配偶者に対する暴力，その他の児童に著しい心理的外傷を与える言動を行うこと。

なぜ，虐待は起きるのだろうか。その要因としては，次のようなことが複雑に絡んでいる。

> 親の要因
> ・育児不安…子育てがうまくできない
> ・親自身の虐待経験…精神的なトラウマ
> 　　　　　　　　　　　子どもの愛し方・かかわり方がわからない
> ・親自身の病気・障害…体調不良や将来への不安による養育力の低下
> ・精神的な不安定…産後うつやアルコール依存など
> 子どもの要因
> ・育てにくさ…こだわりが強い，癇癪を起こすなど思うようにならない
> ・病気や障害…先天性異常の疾患，発達の遅れ（遅れとの思い込み）

┌───┐
│ 家族間の要因
│　・核家族…子育ての相談役・フォロー役がいない
│　・夫婦間の不仲…頼れない・理解されない・ドメスティックバイオレンスなど
│　・経済的不安…収入減・失業
│　・地域からの孤立…頼れる人がいない・信頼できるママ友がいない
└───┘

　学校・幼稚園・保育所などの教職員においては，保護者の成育歴，就労や家計の状態，ストレスの状態，子どもの育児負担など，多様な要因によって虐待が起きるということを理解しておくことが必要である。しかし，虐待は家庭教育やしつけではない。保護者のかかえてきたものを理解し寄り添いつつも，どのような理由があっても正当化されるものではないという姿勢は忘れてはならない。

（3）学校・幼稚園・保育所の教職員等の役割

　学校・幼稚園・保育所などの教職員においては，虐待の早期発見・早期対応に努めるとともに，市町村（虐待対応担当課）や児童相談所などへの通告や情報提供を速やかに行うことが児童虐待防止法に定められている。

　早期発見に関しては，子どもたちが日々通う学校や幼稚園・保育所は児童虐待を一番気づきやすい立場にある。たとえば，着替えのときに体の傷を見つけたり，服や所持品，弁当の中身から家庭の様子がみえたりする。毎日生活する担任だからこそ，子どもの気持ちの出し方や登降園時の親子の様子から親子関係の違和感をもつ。そのような気づきを教職員一人の胸におさめずに情報を共有しておくことが，次の手立てにつながる。

┌───┐
│ 児童虐待防止法（児童虐待の早期発見等）
│ 第五条　学校，児童福祉施設，病院その他児童の福祉に業務上関係のある団体及
│　　び学校の教職員，児童福祉施設の職員，医師，保健師，弁護士その他児童の福
│　　祉に職務上関係のある者は，児童虐待を発見しやすい立場にあることを自覚
│　　し，児童虐待の早期発見に努めなければならない。
│ 3　学校及び児童福祉施設は，児童及び保護者に対して，児童虐待の防止のため
│　　の教育又は啓発に努めなければならない。
└───┘

　また，学校・幼稚園・保育所などの教職員の義務とされていることは，児童虐待の通告である。間違えていたらと思うと通告を躊躇してしまうが，間違えでよかったと確認できればよいと考え，見ないふり・知らないふりにしないことが重要である。

児童虐待防止法（児童虐待に係る通告）
第六条　児童虐待を受けたと思われる児童を発見した者は，速やかに，これを市町村，都道府県の設置する福祉事務所若しくは児童相談所又は児童委員を介して市町村，都道府県の設置する福祉事務所若しくは児童相談所に通告しなければならない。
3　刑法（明治四十年法律第四十五号）の秘密漏示罪の規定その他の守秘義務に関する法律の規定は，第一項の規定による通告をする義務の遵守を妨げるものと解釈してはならない。
第七条　市町村，都道府県の設置する福祉事務所又は児童相談所が前条第一項の規定による通告を受けた場合においては，当該通告を受けた市町村，都道府県の設置する福祉事務所又は児童相談所の所長，所員その他の職員及び当該通告を仲介した児童委員は，その職務上知り得た事項であって当該通告をした者を特定させるものを漏らしてはならない。

（4）関係諸機関との連携

　「要保護児童対策地域協議会（子どもを守る地域ネットワーク）」は，虐待を受けた児童などに対する市町村の体制を協議する場として2004年の児童福祉法の改正によって法的に位置づけられた。この協議会は，教育，児童福祉，医療，警察・司法などの関係機関や児童福祉関連の職務に従事する者によって構成され，地域のなかでの児童虐待の早期の発見・迅速な支援の開始・情報の共有・役割分担による支援の共通理解・役割分担の責任と負担の共有を合わせて考えることができる。

　幼稚園や保育所は，地域の幼児期の教育のセンターとしての役割がある。協議会の構成員になった場合は，保育の専門家として地域の子どもと子育て家庭を守る立場から，最大限の協力・連携が重要である。いっぽう，園内で虐待な

ど重大なケースが起きた場合は園だけでかかえ込こまず，この協議会を活用し，園がやるべき支援・園だからできる支援を明確にし，他機関と連携・役割分担しながら解決に向かうことが大切である。

　地域では，さまざまな機関が子育ての支援活動をしている。近隣の小学校・保育所などとは，教育活動としての連携だけでなく，子どもの命を守るための情報交換・連携も必要である。また，在園児に限らず，地域の未就園児親子の様子を身近に把握できるのも，地域の未就園児親子に園を開放している幼稚園や保育所である。保健所や児童館など未就園児と関係のある機関と連携をとり，児童虐待の発見以前の予防に努めることもできる。育児不安の保護者，子どものかかわり方が不自然な保護者に留意し，保育の専門性を生かし，さり気なく声をかけながら保護者の胸のなかにある不安，不満を受け止めたり，必要な専門機関へつなげたりする役割を果たすことができる。

6．子どもの貧困

（1）子どもの貧困の実態

　「相対的貧困」とは，国民を可処分所得の順に並べ，その中央値の人の所得の半分以下の状態をいう。「子どもの貧困率」とは 18 歳未満の子どものいる世帯についての貧困率をさしている。

　図 6－6 は，子どもの貧困率の推移を示している。国民生活基礎調査のデータをみると，子どものいる世帯の相対貧困率は 2015 年で 13.9％とやや改善されている。しかしながら子どものいる世帯のうち「ひとり親世帯」（大人が 1 人の世帯）についてみると，国民生活基礎調査のデータでは 50.8％，全国消費実態調査のデータでは 47.7％でいずれもやや改善傾向にあるが，依然として 2 人に 1 人は貧困状態にある。

　2017 年において「夫婦と未婚の子のみの世帯」の平均所得が 761.1 万円であったのに対し，「ひとり親と未婚のみの世帯」では 324.5 万円と，約 42％となっている。また大学等への進学率をみると，全世帯平均が 73.0％であるのに対し，ひとり親世帯では 58.5％にとどまっている（内閣府，2020）。

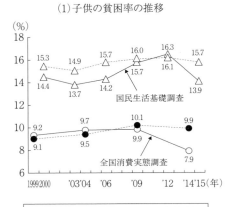

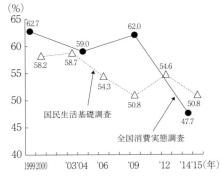

図6-6　子どもの貧困率の推移

出典：内閣府（2020）をもとに一部改変

（2）子どもの貧困に対する対応

　2013年に「子どもの貧困対策の推進に関する法律」（子ども貧困対策法）が成立し，これに基づいて子どもの貧困に対して総合的な政策が進められた。翌2014年には「子供の貧困対策に関する大綱」がまとめられ，教育費の負担軽減や幼児教育の無償化の推進などが盛り込まれた。2019年には子ども貧困対策法が改正された。目的には，以下の事項を明記することとなった。

> 1）子どもの「将来」だけでなく「現在」に向けた対策であること
> 2）貧困解消に向けて，児童の権利条約の精神に則り推進すること

　また，基本理念に，以下の事項を明記することとされた。

> 1）子どもの年齢等に応じて，その意見が尊重され，その最善の利益が優先考慮され，健やかに育成されること
> 2）各施策を子どもの状況に応じ包括的かつ早期に講ずること
> 3）貧困の背景に様々な社会的要因があることを踏まえること

　法改正をうけて，2019年12月には大綱の見直しが行われた。「Ⅰ目的・理念」と「Ⅱ基本的な方針」は以下のとおりである。

Ⅰ　目的・理念
・現在から将来にわたって，全ての子供たちが前向きな気持ちで夢や希望を持つことのできる社会の構築を目指す。
・子育てや貧困を家庭のみの責任とするのではなく，地域や社会全体で課題を解決するという意識を強く持ち，子供のことを第一に考えた適切な支援を包括的かつ早期に講じる。

Ⅱ　基本的な方針
〈分野横断的な基本方針〉
　1　貧困の連鎖を断ち切り，全ての子供が夢や希望を持てる社会を目指す。
　2　親の妊娠・出産期から子供の社会的自立までの切れ目のない支援体制を構築する。
　3　支援が届いていない，又は届きにくい子供・家庭に配慮して対策を推進する。
　4　地方公共団体による取組の充実を図る。
〈分野ごとの基本方針〉
　1　教育の支援では，学校を地域に開かれたプラットフォームと位置付けるとともに，高校進学後の支援の強化や教育費負担の軽減を図る。
　2　生活の支援では，親の妊娠・出産期から，社会的孤立に陥ることのないよう配慮して対策を推進する。
　3　保護者の就労支援では，職業生活の安定と向上に資するよう，所得の増大や，仕事と両立して安心して子供を育てられる環境づくりを進める。
　4　経済的支援に関する施策は，様々な支援を組み合わせてその効果を高めるとともに，必要な世帯へ支援の利用を促していく。
　5　子供の貧困に対する社会の理解を促進し，国民運動として官公民の連携・協働を積極的に進める。
　6　今後5年間の重点施策を掲げ，中長期的な課題も視野に入れて継続的に取り組む。

　「夢や希望を持てる」という表現が繰り返されているように，すべての子どもたちが夢や希望をもてる社会は，大人にとってもまた明るい希望に満ちた社会である。子どもの貧困とその連鎖による社会的損失の意味を，社会全体で改めて認識し，行動する時代となりつつある。

参考・引用文献

内閣府（2019）「子供の貧困対策に関する大綱」

内閣府（2020）『令和2年版　子供・若者白書』

文部科学省（2016a）「義務教育の段階における普通教育に相当する教育の機会の確保等に関する法律（概要）」

文部科学省（2016b）「学校事故対応に関する指針」

文部科学省（2018）「学校の危機管理マニュアル作成の手引」

文部科学省（2019a）「教育支援センター（適応指導教室）に関する実態調査」

文部科学省（2019b）『「生きる力」をはぐくむ学校での安全教育』9頁　28頁

文部科学省（2019c）「教育支援センター（適応指導教室）に関する実態調査」不登校に関する調査研究協力者会議フリースクール等に関する検討会議合同会議（19回）配布資料

文部科学省（2020）「令和元年度　児童生徒の問題行動・不登校等生徒指導上の諸課題に関する調査結果について」初等中等教育局児童生徒課 https://www.mext.go.jp/content/1410392.pdf

本章の課題

1．不登校の児童・生徒に対してどのような支援が行われているか，整理してみましょう。また今後どのような支援がのぞまれるか意見を出し合ってみましょう。

2．子どもの健やかな成長に向けて，子どもを育む視点（安全教育）と子どもを守る視点（安全管理）から，それぞれ配慮したいことをまとめましょう。

第 **7** 章
教育行政制度

　2018 年に文部科学省の「生涯学習政策局」が「総合教育政策局」として再編されました。その目的は，学校教育政策と社会教育政策が分断されているという現状に対し，より総合的な教育政策を総合的・横断的に推進するとともに，生涯学習の理念に基づいた生涯学習政策の実現をめざすことにあります。

　本章では，生涯学習社会における教育行政制度のあり方について，主として制度改革の立場から学ぶことを目的としています。文部科学省と教育委員会がどのように変化しているか，その背景も含めて考えていきましょう。

１．教育行政制度の歴史的展開

（1）戦後の教育行政制度

　1947 年に教育基本法が制定され，わが国の教育行政制度の基本原則は「地方分権」「民主制」および「一般行政からの独立」であるとされた。制定当時の教育基本法（改正前）において，教育行政は以下のように規定されていた。

【改正前】教育基本法　第十条（教育行政）
　教育は，不当な支配に服することなく，国民全体に対し直接に責任を負つて行われるべきものである。
　2　教育行政は，この自覚のもとに，教育の目的を遂行するに必要な諸条件の整備確立を目標として行われなければならない。

　「国民全体に対し直接責任を負つて」とは，地方分権を，また「教育の目的

を遂行するに必要な諸条件の整備確立を目標として」とは，教育行政の権限が教育の条件整備のみにとどまり，教育の内容には及ばないことを意味している。これを「条件整備論」という。戦前の教育行政は「教育政策論」の立場をとっており，国が国民に対し，教育権を保証するとともに，国の教育政策の実現を目的としていた。戦後，第一次米国教育使節団の勧告により，教育行政の民主化，地方分権を実現させるために設置されたのが教育委員会制度である。1948年には教育委員会法が制定され，公選制による教育委員会が全国に設置された。

　教育委員会の第一の理念は「素人支配（layman control）」で，教育の専門家以外の地域住民を委員とすることで，地域住民の意向を意思決定に反映させることをねらいとしている。第二の理念は「専門的指導制（professional leadership）」であり，教育の専門家である教育長のリーダーシップにより会議を運営することを意味している。また民主的な手続きにより「公選制」で委員を選出し，一般行政から独立していることから，「行政委員会」としての位置づけもあった。

　しかしながら，戦前より一般行政に組み込まれ，中央集権的な教育行政を行っていたこともあり，この新しい教育委員会制度は定着しなかった。教育委員の公選制が十分に機能せず，予算権限をもつ首長との合意形成がうまく進まなかったことも課題であった。1956年には「地方教育行政の組織及び運営に関する法律（地教行法）」が制定され，教育予算を作成する権限は首長に移行された。委員の選出については，公選制から首長による任命制に変更された。2006年には教育基本法が改正され，国の役割や地方と国の役割分担が明記されたことにより，制度の「形骸化」が指摘されていた教育委員会改革が進められることとなった。

（2）教育委員会制度改革

　2014年6月に地教行法が改正された。改正の趣旨は「政治的中立性，継続性・安定性を確保しつつ，地方教育行政における責任の明確化，迅速な危機管理体制の構築，首長との連携の強化を図るとともに，地方に対する国の関与の

見直しを図るため」として以下 4 つのポイントが示された（文部科学省，2014）。

① 教育委員長と教育長を一本化した新「教育長」の設置

従来，教育委員長と教育長が併設されており，責任に所在が不明瞭であったが，「新教育長」に一本化されることにより，事務執行の責任者としての教育長の位置づけが明確化された。また首長が教育長を任命することにより，任命責任の明確化も図られた（図 7 - 1）。

② 教育長へのチェック機能の強化と会議の透明性

新教育長の判断により，迅速な会議招集や委員に対する情報提供が可能となった。また委員の定数の 3 分の 1 から会議招集請求ができるようになり，会議議事録の作成・公表が義務化された。

③ すべての地方公共団体に「総合教育会議」を設置

首長が招集し，首長と教育委員会により構成される「総合教育会議」を開催する。首長は教育委員会と協議し，教育の振興に関する施策の大綱，教育条件

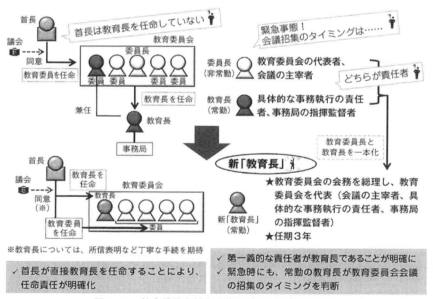

図 7 - 1　教育委員会制度改革のポイント①：教育長

出典：文部科学省（2014）

の整備など重点的に講ずべき施策，緊急の場合に講ずべき措置について協議・調整を行う。最終的な執行権限は教育委員会に留保されている（図7-2）。

④ 教育に関する大綱を首長が作成

総合教育会議において，首長と教育委員会が協議・調整を尽くし，首長が大綱を作成する。これにより，地方公共団体としての教育の方向性が明確となり，具体的な施策へのつながりが円滑化された。

国の地方公共団体への関与のあり方も見直されることとなり，「いじめによる自殺の防止等，児童生徒等の生命又は身体への被害の拡大又は発生を防止する緊急の必要がある場合に，文部科学大臣が教育委員会に対して指示ができる」ようになった。

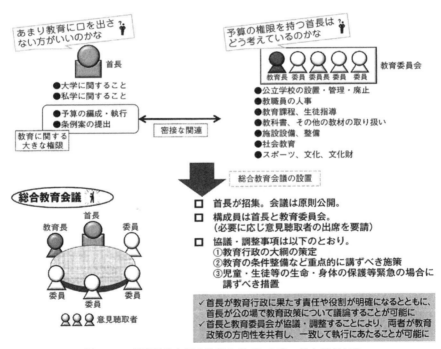

図7-2　教育委員会制度改革のポイント③：総合教育会議

出典：図7-1と同じ

2．中央教育行政制度（文部科学省）

（1）任務・権限

　わが国における中央教育行政組織は文部科学省である。その任務は，文部科学省設置法により以下のように定められている。

文部科学省設置法　第三条

　文部科学省は，教育の振興及び生涯学習の推進を中核とした豊かな人間性を備えた創造的な人材の育成，学術，スポーツ及び文化の振興並びに科学技術の総合的な振興を図るとともに，宗教に関する行政事務を適切に行うことを任務とする。

　こうした任務を達成するための主な所轄事務は，以下のとおりである。

　1）豊かな人間性を備えた創造的な人材の育成のための教育改革に関すること。

　2）生涯学習に係る機会の整備の推進に関すること。

　3）地方教育行政に関する制度の企画及び立案並びに地方教育行政の組織及び一般的運営に関する指導，助言及び勧告に関すること。

　4）初等中等教育の振興に関する企画及び立案並びに援助及び助言に関すること。

　5）教科用図書の検定に関すること。

　6）教科用図書その他の教授上用いられる図書の発行及び義務教育諸学校において使用する教科用図書の無償措置に関すること。

　7）学校保健，学校安全，学校給食及び災害共済給付に関すること。

　8）教育職員の養成並びに資質の保持及び向上に関すること。

　9）大学及び高等専門学校における教育の振興に関する企画及び立案並びに援助及び助言に関すること。

　10）社会教育の振興に関する企画及び立案並びに援助及び助言に関すること。

　11）家庭教育の支援に関すること。

　12）青少年の健全な育成の推進に関すること。

　13）科学技術に関する基本的な政策の企画及び立案並びに推進に関すること。

　14）スポーツの振興に関する企画及び立案並びに援助及び助言に関すること。

　15）文化の振興に関する企画及び立案並びに援助及び助言に関すること。

　16）宗教法人の規則，規則の変更，合併及び任意解散の認証並びに宗教に関する情報資料の収集及び宗教団体との連絡に関すること。

（2）組織

　図7-3は，文部科学省の組織図である。学校教育にかかわる政策の立案・運用を行っている「初等中等教育局」など，6つの局を中軸として，文化庁やスポーツ庁，国立教育政策研究所などの機関を包括している。

　1960年代にユネスコが提唱した「生涯教育」（life-long integrated education）の理念を生かし，生涯学習社会の構築をめざして，1988年に「生涯学習局」が設置された。その後2001年には学校教育も含めた教育政策に関する企画調整機能を強化することをねらいとして，「生涯学習政策局」へと再編された。しかしながら，依然として学校教育政策と社会教育政策とが縦割りで展開されているとの指摘があり，生涯学習政策の一層強力な推進が不可欠と考えられていた。

　2018年には「生涯学習政策局」を新たに「総合教育政策局」として再編し，

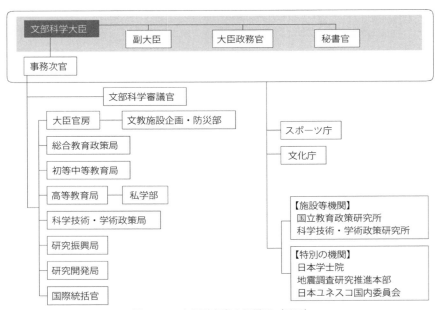

図7-3　文部科学省の組織図（2020）

出典：文部科学省ウェブサイトより筆者作成

学校教育と社会教育を通じた包括的で一貫した教育政策をより強力かつ効果的に推進し，文部科学省の先頭に立って，誰もが必要なときに必要な教育を受け，また学習を行い，充実した生涯を送ることができる環境の実現をめざしている（図7-4）。

「総合教育政策局」は，以下のミッションを掲げている（文部科学省，2018）。

1）学校教育・社会教育を通じた総合的かつ客観的根拠に基づく教育政策を推進
　・総合的かつ客観的な根拠に基づく教育改革政策の推進
　・教育を支える専門人材育成政策の強化
2）生涯にわたる学び，地域における学び，ともに生きる学びの政策を総合的に推進
　・人生100年時代を豊かに生きる「生涯にわたる学び」の推進
　・活力ある社会を持続可能とする「地域における学び」の推進
　・互いを認め，支え合い，誰もが社会に参画する「ともに生きる学び」の推進

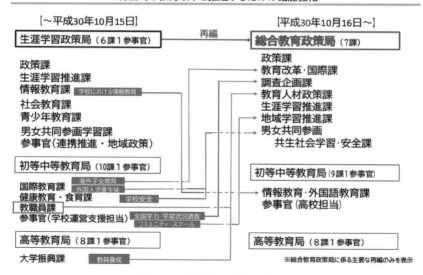

図7-4　総合教育政策局の概要

出典：文部科学省（2018）

3．地方教育行政制度（教育委員会）

（1）任務・権限

　教育基本法に規定されているように，地方公共団体の任務は，「地域の実情に応じた教育に関する施策の策定・実施」である。

> **教育基本法　第十六条**
> 教育は，不当な支配に服することなく，この法律及び他の法律の定めるところにより行われるべきものであり，教育行政は，国と地方公共団体との適切な役割分担及び相互の協力の下，公正かつ適正に行われなければならない。
> 2　国は，全国的な教育の機会均等と教育水準の維持向上を図るため，教育に関する施策を総合的に策定し，実施しなければならない。
> 3　地方公共団体は，その地域における教育の振興を図るため，その実情に応じた教育に関する施策を策定し，実施しなければならない。
> 4　国及び地方公共団体は，教育が円滑かつ継続的に実施されるよう，必要な財政上の措置を講じなければならない。

　2014年の教育委員会改革により，責任の所在の明確化が図られ，教育長の位置づけや総合教育会議の意義が明示された。教育委員会の主な権限は以下のとおりである。

> 1）教育委員会の所管に属するする学校その他の教育機関の設置，管理及び廃止に関すること。
> 2）教育委員会の所管に属する学校その他の教育機関の用に供する財産の管理に関すること。
> 3）教育委員会及び教育委員会の所管に属する学校その他の教育機関の職員の任免その他の人事に関すること。
> 4）学齢生徒及び学齢児童の就学並びに生徒，児童及び幼児の入学，転学及び退学に関すること。
> 5）教育委員会の所管に属する学校の組織編制，教育課程，学習指導，生徒指導及び職業指導に関すること。
> 6）教科書その他の教材の取扱いに関すること。
> 7）校舎その他の施設及び教具その他の設備の整備に関すること。
> 8）校長，教員その他の教育関係職員の研修に関すること。
> 9）校長，教員その他の教育関係職員並びに生徒，児童及び幼児の保健，安全，厚生及び福利に関すること。

10）教育委員会の所管に属する学校その他の教育機関の環境衛生に関すること。
11）学校給食に関すること。
12）青少年教育，女性教育及び公民館の事業その他社会教育に関すること。
13）スポーツに関すること。
14）文化財の保護に関すること。
15）ユネスコ活動に関すること。

　都道府県教育委員会と市町村教育委員会では権限が異なり，教職員の任命に関する権限は都道府県教育委員会に属している。これは教育の機会均等の観点から，教育職員の適切な配置をねらいとしたものである。

（2）組織

　教育委員会は，教育長（任期3年）および4人の委員（任期4年）をもって組織する（都道府県，政令指定都市などは5人以上）。教育長は，当該地方公共団体の長の被選挙権を有する者で，人格が高潔で，教育行政に関し識見を有する

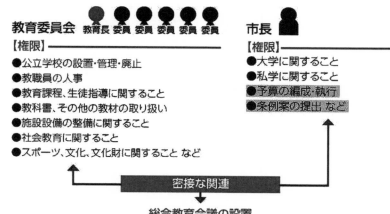

図7-5　教育委員会のイメージ
出典：日進市ウェブサイトより転載（2018）

者のうちから，首長が議会の同意を得て任命する。委員は，当該地方公共団体
の長の被選挙権を有する者で，人格が高潔で，教育に関し識見を有する者のう
ちから，首長が議会の同意を得て任命する。任命に当たっては，委員の年齢，
性別，職業などに著しい偏りが生じないように配慮するとともに，委員のうち
に保護者である者が含まれるようにしなければならない。

　2014年の教育委員会制度改革により「総合教育会議」の設置が義務づけら
れた。「総合教育会議」に関する規定は，以下のとおりである。

地教行法　第一条の四
地方公共団体の長は，大綱の策定に関する協議及び次に掲げる事項についての協
　議並びにこれらに関する次項各号に掲げる構成員の事務の調整を行うため，総
　合教育会議を設けるものとする。
　　一　教育を行うための諸条件の整備その他の地域の実情に応じた教育，学術及
　　　び文化の振興を図るため重点的に講ずべき施策
　　二　児童，生徒等の生命又は身体に現に被害が生じ，又はまさに被害が生ずる
　　　おそれがあると見込まれる場合等の緊急の場合に講ずべき措置
2　総合教育会議は，次に掲げる者をもつて構成する。
　　一　地方公共団体の長
　　二　教育委員会
3　総合教育会議は，地方公共団体の長が招集する。
4　教育委員会は，その権限に属する事務に関して協議する必要があると思料す
　るときは，地方公共団体の長に対し，協議すべき具体的事項を示して，総合教
　育会議の招集を求めることができる。
5　総合教育会議は，第一項の協議を行うに当たつて必要があると認めるとき
　は，関係者又は学識経験を有する者から，当該協議すべき事項に関して意見を
　聴くことができる。
6　総合教育会議は，公開する。ただし，個人の秘密を保つため必要があると認
　めるとき，又は会議の公正が害されるおそれがあると認めるときその他公益上
　必要があると認めるときは，この限りでない。
7　地方公共団体の長は，総合教育会議の終了後，遅滞なく，総合教育会議の定
　めるところにより，その議事録を作成し，これを公表するよう努めなければな
　らない。
8　総合教育会議においてその構成員の事務の調整が行われた事項については，
　当該構成員は，その調整の結果を尊重しなければならない。

　構成員は首長と教育委員であり，首長が招集するが，教育委員から首長に対して招集を求めることもできる。総合教育会議では，首長が作成した大綱の原案について協議を行うとともに，緊急の場合の対応について協議することもある。8 項に定められているように，教育委員による調整の結果が尊重されることになっている。

参考・引用文献

文部科学省（2014）「地方教育行政の組織及び運営に関する法律の一部を改正する法律（概要）」

文部科学省（2018）「総合教育政策局の設置について（案）」

本章の課題

1．2014 年の教育委員会改革前後の違いを比較して，地方教育行政がどう変わったか整理してみましょう。
2．文部科学省において，「生涯学習政策課」がなぜ「総合教育政策課」に再編されたのか，理由を考えてみましょう。

第8章
生涯学習の理念と生涯学習社会

　2006年に教育基本法が改正されて，第3条として「生涯学習の理念」が掲げられました。ラングランが初めて「生涯教育」という概念を提唱してから，40年以上の年月が過ぎていました。現在わが国の生涯学習は，教育基本法に定められた生涯学習社会の実現に向けて前進しています。

　本章では，生涯教育の理念と理論に基づいて，わが国における生涯学習社会の発展的経緯と現状について学ぶことを目的としています。

1．生涯学習の理念と理論

（1）生涯学習とはなにか

　「生涯教育（lifelong integrated education）」は，1965年のユネスコの成人教育推進委員会において，ポール・ラングランにより提唱された新たな学びの形であり，わが国では1970年代から，社会教育審議会や中央教育審議会において，学校教育・社会教育・家庭教育などを総合的に捉えることで，生涯教育の理念にかかわる議論を重ねていた。1988年には文部省に「生涯学習局」が設置され，1990年には「生涯学習の振興のための施策の推進体制等の整備に関する法律」（生涯学習振興法）が成立した。生涯学習社会への移行が進むなか，2006年には教育基本法が改正され，新たに「生涯学習の理念」として第3条が追加された。

> 教育基本法　第三条（生涯学習の理念）
> 国民一人一人が，自己の人格を磨き，豊かな人生を送ることができるよう，その

生涯にわたって，あらゆる機会に，あらゆる場所において学習することができ，その成果を適切に生かすことのできる社会の実現が図られなければならない。

　教育基本法は，ラングランが掲げた生涯教育の理念の実現に加え，「生涯学習社会の構築」をめざしていることがわかる。すなわち，以下の3点を明示している。

1）「自己実現（自己を磨きよりよく生きること）」をめざした教育であること。
2）あらゆる機会にあらゆる場所において学習できること（時間軸と空間軸の統合）。
3）学習の成果を適切に生かすことのできる社会を実現すること。

　図8-1は生涯学習の全体像を示している。従来の教育システムとの関係をみると，「生涯教育」は学校教育・社会教育・家庭教育を包括したものとされているが，「生涯学習」はより広義であり，教育として意図しないままに何かを学ぶこと（偶発的学習）や従来の教育システムには入らないもの（独力的学習）を含んでいる。ここでは「生涯学習」を学ぶ側から捉え，従来の教育システムに含まれる部分を「支援する側」として捉えている（田中他，2020）。

　図8-2は，生涯学習の仕組みを地域住民向けにわかりやすく示したものである。ここでは，従来の教育システム以外の学びを「自己学習」としている。また社会教育においては，自己実現をめざす学びだけではなく，「まちづくり」や「青少年の健全育成」など地域課題解決をめざすものも含まれることがわかるようになっている。

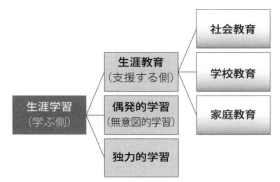

図8-1　生涯学習の全体像
出典：田中他（2020）

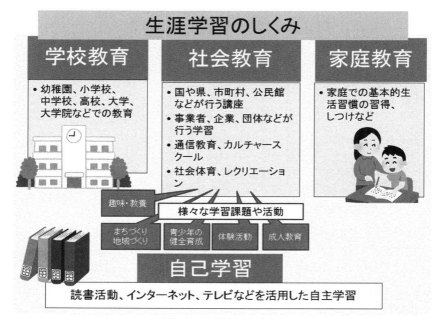

図8-2　生涯学習の仕組み

出典：大分県立図書館ウェブサイトより転載

（2）生涯学習理論の展開

① ラングランによる「生涯教育」の提唱

　1965年，パリで開催されたユネスコの成人教育推進国際委員会において，ラングランは「生涯教育について」というワーキングペーパーを提出した。ラングランは「生涯教育」を伝統的な教育の単なる延長ではなく，個人や社会の運命にかかわる最も重要な諸問題に対して先例のない諸解決法を提供するものであるとしている。

【ラングランの提唱した生涯教育　lifelong integrated education】
1．教育は人生の一時期（児童期・青年期）に限定するのではなく，全生涯にわ

> たるもの
> 2．個人のもつ多様な学習要求に対応できる教育
> 3．教育が行われる諸部門（学校，社会，家庭など）が積極的に交流し合い，それらの人々の要求を満たしていくという点において統一的行動をもつこと。

　また「教育は人間存在のあらゆる部門に行われるものであり，人格発展のあらゆる流れあいだ―つまり人生―を通じて行われなくてはならない。こうして教育諸部門のあいだには活発にして，能動的な交流が行われるべきものである」と述べている（P. ラングラン，1984）。

　生涯学習の理念が生まれた背景は，以下のとおりである。

> 1）社会変化の加速化
> 2）人口の急増と急激な伸び
> 3）科学知識・技術の進歩とその急速な陳腐化
> 4）恒常的な政治構造の変動（革命，戦争，体制変革）と指導者の不足
> 5）マス・メディアの発達と情報量の増加
> 6）自由時間の増大，ならびに仕事と余暇の分離
> 7）生活様式や人生パターンの変化および人間関係の動揺（男女・夫婦・親子・老若・貧富・社会的上下など）
> 8）精神と肉体の不統一，ならびに性の不相応な商品化
> 9）イデオロギーの危機（価値観の多様化と信条の脆弱化）

　ラングランにおける生涯教育の定義は，「integrated」（統合）について理解することが重要となる。すなわち，生涯教育とは時間軸（垂直的次元）と空間軸（水平的次元）の統合であり，両者を統合することで，生涯にわたってあらゆる場で学習機会が確保されることになる。また，学習者の主体性ならびに自発性を重視し，個人の要求に合わせた学びを提供すること，知識よりも「学び方を学ぶ」ことを重視している。ラングランの生涯教育論は，「人としてよりよく生きること」を目的としており，まさに自己実現のための生涯教育論であるといえよう。

② フォール・レポートから「学習権」へ

　1972 年，ユネスコ教育開発国際委員長であったエドガー・フォールが，委

員会における議論を『未来の学習』（Learning to be：フォール・レポート）としてまとめている。「Learning to be」とは，「完全な人間」になるための学びを意味しており，不完全な人間が「（身体的・知的・情緒的・倫理的統合による）完全な人間」に向かって進んでいくことこそが生きることである（E. フォール，1975）。フォール・レポートは，すべての人が生涯にわたって学び続けることができる「学習社会」を提唱し，ラングランの「自己実現のための学び」という考え方を継承している。この理念がユネスコの生涯学習論の基盤となっている。

ラングランに代わって生涯学習委員長となったエットーレ・ジェルピは，生涯教育を 2 つの面から捉えている。1 つは「生産性の向上や従属の強化のために取り入れられ，結果的に既成秩序の強化の具と終わる危険を内包している」とし，他方は「人々を抑圧しているものに対する闘争に関わっていく力ともなりうる」とするものである。そして「自己決定学習」（self-directive learning：自己が責任をもって教育目標・内容・方法を自己決定すること）こそが，あらゆる抑圧的な力にとって脅威となるものである（E. ジェルピ，1983）。人間の抑圧の現実を解放に向けて変革していこうとするジェルピの主張は，ラングランと比較してより革新的である。

1985 年の第 4 回ユネスコ国際成人教育会議では「学習権宣言」が採択された。「学習権」とは，「読み書きの権利」「質問し，思考する権利」「想像・創造する権利」「自らの世界を読み取り，歴史を綴る権利」「教育の手立てを得る権利」「個人・集団の力量を発達させる権利」であり，人間の生存にとって不可欠なもので，基本的権利の 1 つであるとされている。

③ ドロール・レポート

1996 年には，ユネスコ 21 世紀教育国際委員会が『学習：秘められた宝』（ドロール・レポート）を刊行し，以下のとおり「学習の 4 本柱」を提示している（ユネスコ 21 世紀教育国際委員会，1997）。

1 ）知ることを学ぶ（Learning to know）

・幅広い一般教養と特定の課題に対する深い学び
・いかに学ぶかを学ぶ
2) 為すことを学ぶ（Learning to do）
・専門化した職業教育ではなく，様々な実用的能力を身につける
・他者とともに働く能力を涵養する
・社会経験や職業経験を通して，学習と労働を交互に行う過程を通していかに行動すべきかを学ぶ
3) 共に生きることを学ぶ（Learning to live together）
・多様性の中で他者を理解し，相互依存を評価する
・他者を発見，理解し，共通目標のための共同作業に取り組む
4) 人間として生きることを学ぶ（Learning to be）
・人間としていかに生きるかを学び，自己実現を目指す
・自律心，判断力，責任感を持って事に当たることができるようにする

ユネスコの生涯学習論は一貫して，「Learning to be」（よりよく生きる＝自己実現のための学び）が最大の目的と捉えられている。ここでは新たに他者理解や他者との協働の視点が加わり「生涯学習社会」のあるべき姿がみえてきている。

④ リカレント教育の理念

1973 年に OECD（経済協力開発機構）の教育研究革新センター（CERI）は，『リカレント教育―生涯学習のための戦略』を刊行した。リカレント教育の特徴は，以下のとおりである（笹井他，2013）。

1) 社会人の学習（学び直し）
・一度社会に出た人が学校で再教育を受ける機会を持つ。
2) 学校の活用
・専門的な知識・技術をリフレッシュするために高等教育機関を活用する
・学校にとっても社会人の再教育の場という新たな機能を持つことによる組織改革へつながる。
3) 学校と社会の往還
・学校と社会の往還により，知識・技術だけでなく，資格や学位等を取得することでキャリアを向上させ社会で活躍できる。
4) キャリア形成の一環
・リカレント教育の実践は人生を変える可能性があり，「生き方モデル」を提

供するものである。
5 ）高等教育改革への志向性
・リカレント教育の受け入れ先としての高等教育機関の条件整備や教育内容の改善につながる。
6 ）企業改革への志向性
・リカレント教育の実践には企業側の組織改革・意識改革が不可欠である。

　ユネスコの生涯学習論が「Learning to be」（よりよく生きる）ための学びであるのに対し，OECD の生涯学習論は「Learning to have」（所有のための学び）である。1996 年には OECD 教育大臣会議が『万人のための生涯学習』を発表し，生涯学習が「個人の生活を豊かにし，経済を促進し，社会的な結束を維持する」ゆえに，各国政府はその基盤整備に努める必要があると指摘している（田中他，2020）。

（2）アンドラゴジーとペダゴジー

　アンドラゴジーとは，子どもに対する教育学を意味するペダゴジーに対する用語で，成人教育学を意味する。ペダゴジーと同じようにもともとはドイツで使われるようになったといわれており，アンドラゴギークの英訳である。成人教育学研究が盛んなアメリカにおいて，マルカム・ノールズは「自己決定的な学習に対する心理的欲求」を成人学習者の特徴として捉えた。表8-1は，ペダゴジーとアンドラゴジーを4つの観点から比較したものである。

　アンドラゴジーにおいては，学習者の経験が大きな意味をもつ。学習へのレディネスや動機づけも，ある意味経験によって方向づけられる。また学習者が属している社会の現状や地域課題などが「知への欲求」を喚起し，内面的な動機づけにつながるのである。

表8-1　ペダゴジーとアンドラゴジーの比較

項目	ペダゴジー	アンドラゴジー
学習者の概念	・依存的 ・教育内容・方法・評価に関して教師主導的	・依存的から自己決定的への心理的欲求がある
学習者の経験の役割	・学習者の経験軽視 ・教科書・教材依存 ・伝達的手法による教育（講義，割り当てられた読書，視聴覚教材など）	・経験が学習資源となる ・経験的手法による教育（実験，討論，問題解決型事例学習，フィールドワークなど）
学習へのレディネス	・標準化されたカリキュラム ・学年による画一的な段階ごとの進展	・生活課題の解決，生活への応用という視点からのカリキュラム ・「知への欲求」を発見するための条件作りが必要 ・学習者のレディネスに沿った進展
学習への方向づけ	・教科中心的 ・教科の構造に従った組織化	・課題解決的 ・能力開発の観点に従った組織化

出典：ノールズ（2002）より筆者作成

2．生涯学習社会の歴史的経緯

（1）教育基本法改正までの経緯

　2006年，教育基本法改正により，わが国の生涯学習の理念が明確に示されたのは，1970年代から議論を重ね，生涯学習のあり方を模索してきた成果である。表8-2は，後述する1971年から2006年の教育基本法改正までの主な生涯学習にかかわる経緯を示している。

　わが国において初めて生涯教育について論じられた，1971年の社会教育審議会答申「急激な社会構造の変化に対処する社会教育の在り方について」では，生涯教育の概念をふまえて，家庭教育，学校教育，社会教育の見直しの必要性が説かれた。1981年には中央教育審議会答申「生涯教育について」においては，「生涯教育」と「生涯学習」の定義の違いを以下のように明確化している。

表8-2　教育基本法改正までの生涯学習にかかわる経緯

年	事　　項
1971	社会教育審議会「急激な社会構造の変化に処する社会教育の在り方について（答申）」 中央教育審議会「今後における学校教育の総合的な拡充整備のための基本的施策について（答申）」
1981	中央教育審議会「生涯教育について（答申）」
1985〜1987	臨時教育審議会から第4次にわたる教育改革に関する答申
1988	文部省に生涯学習局設置
1990	中央教育審議会「生涯学習の基盤整備について（答申）」 「生涯学習の振興のための施策の推進体制等の整備に関する法律」（生涯学習振興法） 「生涯学習審議会」設置
1992	生涯学習審議会「今後の社会の動向に対する生涯学習の振興方策について（答申）」
1996	生涯学習審議会「地域における生涯学習機会の充実方策について（答申）」
1998	生涯学習審議会「社会の変化に対応した今後の社会教育行政の在り方について（答申）」 「特定非営利法人促進法」
1999	生涯学習審議会「学習の成果を幅広く生かす―生涯学習の成果を生かすための方策について―（答申）」 「生活体験・自然体験が日本の子どもの心をはぐくむ―青少年の〔生きる力〕はぐくむ地域社会の環境の充実について（答申）」
2000	生涯学習審議会「新しい情報通信技術を活用した生涯学習の推進方策について（答申）」
2001	「生涯学習審議会」が「中央教育審議会」の分科会となる 文部科学省の改組により「生涯学習課」が「生涯学習政策課」として再編
2002	中央教育審議会「青少年の奉仕活動・体験活動の推進方策等について（答申）」
2006	教育基本法改正

出典：筆者作成

【生涯学習】

　今日，変化の激しい社会にあって，人々は，自己の充実・啓発や生活の向上のため，適切かつ豊かな学習の機会を求めている。これらの学習は，各人が自発的意思に基づいて行うことを基本とするものであり，必要に応じ，自己に適した手段・方法は，これを自ら選んで，生涯を通じて行うものである。この意味では，これを生涯学習と呼ぶのがふさわしい。

【生涯教育】

　この生涯学習のために，自ら学習する意欲と能力を養い，社会の様々な教育機能を相互の関連性を考慮しつつ総合的に整備・充実しようとするのが生涯教育の考え方である。言い換えれば，生涯教育とは，国民の一人一人が充実した人生を送ることを目指して生涯にわたって行う学習を助けるために，教育制度全体がその上に打ち立てられるべき基本的な理念である。

　本答申では，生涯学習における「自己決定性」を重視しており，生涯教育は生涯学習を支援するための教育制度的側面が強調されている。生涯学習の目的も「自己実現」として捉えられており，この段階では「生涯学習社会」という概念はみられない。

　1985〜1987年には，臨時教育審議会から4回にわたり答申が出された。この過程で「生涯学習体系への移行」（教育改革の3つの理念のうちの1つとして提案された）を主軸とする教育体系の総合的再編成が提案されており，これを受けて1988年に文部省（当時）は「社会教育局」を改組して「生涯学習局」を設置した。

　臨時教育審議会の4回の答申を通して重視されているのが「生涯学習の成果の適切な評価」である。さらに第三次答申では「成果を社会で生かせる」点にも言及している。この段階で，生涯学習社会のあり方が明確化されてきていることがわかる。

　これからの学習は，学校教育の基盤の上に，各人の能力と自発的な意思により，必要に応じ，自らの責任において手段・方法を選択し，生涯を通じて行われるべきものである。こうした学習を通して創造性や個性が生かせるようにするとともに，いつでもどこでも学べ，その成果が適正に評価され，社会で生かせるようなシステムにする必要がある。

教育改革に関する第三次答申（1987年4月）から抜粋

1990年には「生涯学習の振興のための施策の推進体制等の整備に関する法律」が成立し，同年「生涯学習審議会」が設置された。同審議会は2001年に中央教育審議会の分科会として再編成されるまで，5回の答申を提出している。

1992年の初めての答申「今後の社会の動向に対する生涯学習の振興方策について」においては，「生涯学習社会」について以下のように述べている。

> 生涯学習についてのこれまでの考え方を踏まえつつ，本審議会としては，基本的な考え方として，今後人々が，生涯のいつでも自由に学習機会を選択して学ぶことができ，その成果が社会において適切に評価されるような生涯学習社会を築いていくことを目指すべきであると考える。
>
> 第1期生涯学習審議会答申（1990年7月）から抜粋

1999年の第4期答申「学習の成果を幅広く生かす—生涯学習の成果を生かすための方策について—」においては，生涯学習の成果を評価するだけでなく，これを社会において生かすための方策として，①学習機会の拡充と学習に対する支援の充実，②ボランティア活動の推進，③生涯学習による地域社会の活性化の推進などの提言を行っている。

> 我が国は，生涯のいつでも自由に学習機会を選択して学ぶことができ，その成果が社会で適切に評価されるような生涯学習社会の実現を目指しているが，これからはさらにその学習成果が様々な形で活用でき，生涯学習による生きがい追求が創造性豊かな社会の実現に結びつくようにしていかなければならない。
>
> そのような社会は，人々が画一的な組織の中でのナンバーワンを目指して競うのではなく，青少年から高齢者まで，障害者を含めて一人一人が，社会にその人ならではの貢献ができるような，お互いの良さを認めあう社会である。
>
> 第4期生涯学習審議会答申（1990年6月）から抜粋

ここで注目されるのは，「生涯学習による生きがい追求が創造性豊かな社会の実現に結びつくようにしていかなければならない」と述べている点である。現在は生涯学習の成果を社会で生かす目的を，「自己実現」（よりよく充実した

人生をおくること）と「地域・社会の課題解決」（よりよい社会をつくること）の両者であると認識されている。この段階では，「自己実現」が目的とされており，よりよい社会づくり貢献することで自己実現を果たすという文脈がある。

（2）教育基本法改正以後の生涯学習社会の展開

　表 8 - 3 は，教育基本法改正以降の生涯学習政策の経緯を示している。教育基本法改正により明確化された「生涯学習の理念」に基づいた生涯学習社会の構築が，具体的な施策によって精力的に進められている。どのように生涯学習社会を構築していくのか，その方策を具体的に示したのが 2008 年に提出され

表 8 - 3　教育基本法改正以降の生涯学習の経緯

年	事　　項
2006	「教育基本法」改正
2008	中央教育審議会「新しい時代を切り拓く生涯学習の振興方策について〜知の循環型社会の構築を目指して〜（答申）」 「社会教育法」「図書館法」「博物館法」の改正
2011	中央教育審議会「今後の学校におけるキャリア教育・職業教育の在り方について（答申）」
2014	「地方教育行政の組織及び運用に関する法律」（地教行法）改正
2015	中央教育審議会「新しい時代の教育や地方創生の実現に向けた学校と地域の連携・協働の在り方と今後の推進方策について（答申）」
2017	「社会教育法」一部改正　（地域学校協働活動についての規定）
2018	中央教育審議会「人口減少時代の新しい地域づくりに向けた社会教育の振興方策について（答申）」 文部科学省に総合学習政策局設置
2019	文部科学省（学校卒業後における障害者の学びの推進に関する有識者会議）「障害者の生涯学習の推進方策について―誰もが，障害の有無にかかわらず共に学び，生きる共生社会を目指して―（報告）」 地域の自主性及び自立性を高めるための改革の推進を図るための関係法律の整備に関する法律
2020	「地方教育行政の組織及び運用に関する法律」「社会教育法」改正（首長が社会教育機関の管理運営をすることを可能とする）

出典：筆者作成

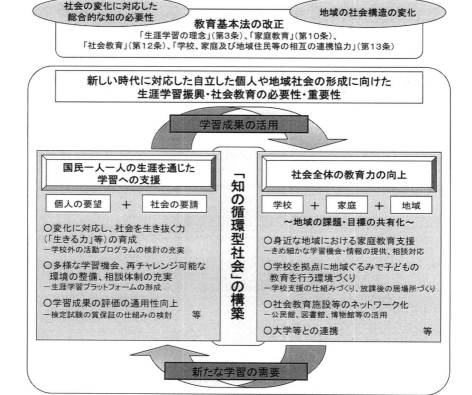

図8-3 「知の循環型社会」の構築

出典：文部科学省（2008）

た中央教育審議会答申「新しい時代を切り拓く生涯学習方策」である。本答申においては，生涯学習社会を「知の循環型社会」と捉え，「国民一人一人の生涯を通じた学習への支援」と「社会全体の教育力の向上」が，学校・家庭・地域の連携を通して循環する社会の構築を提案している（図8-3）。

「目指すべき施策の方向性」として，以下の2点をあげている。

1）国民一人一人の生涯を通じた学習の支援―国民の「学ぶ意欲」を支える〜

　「個人の要望」を踏まえるとともに「社会の要請」を重視〜
　2）社会全体の教育力の向上—学校・家庭・地域が連携するための仕組みづくり

　「個人の要望」と「社会の要請」とは，わが国における生涯学習社会のキーワードであり，教育基本法に掲げられている。

教育基本法　第十二条（社会教育）
個人の要望や社会の要請にこたえ，社会において行われる教育は，国及び地方公
　共団体によって奨励されなければならない。
2　国及び地方公共団体は，図書館，博物館，公民館その他の社会教育施設の設
　置，学校の施設の利用，学習の機会及び情報の提供その他の適当な方法によっ
　て社会教育の振興に努めなければならない。

　「個人の要望」をふまえるとともに「社会の要請」を重視するとは，自己実現のための学びをふまえ，よりよい社会をめざすための学びを重視するという意味である。「社会の要請」とは地域課題解決や持続可能な社会をつくることであり，社会教育はそのような視点に立って学びを提供していくことが求められている。
　2015 年の中央教育審議会答申「新しい時代の教育や地方創生の実現に向けた学校と地域の連携・協働の在り方と今後の推進方策について」においては，「開かれた教育課程」に基づき，これからの学校と地域のめざすべき連携・協働の姿について以下の 3 つの方向を提示し，コミュニティ・スクールのあり方についての提言を行っている。

　1）地域とともにある学校への転換
　2）子供も大人も学び合い育ち合う教育体制の構築
　3）学校を核とした地域づくりの推進

　2018 年には，文部科学省において「生涯学習政策局」が「総合教育政策局」として再編された。学校教育と社会教育を通じた包括的で一貫した教育政策をより強力かつ効果的に推進し，教育基本法に定める生涯学習の理念の実現に向け，社会教育を中心とした学びを総合的に推進する体制整備を進め，「生涯に

わたる学び」「地域における学び」および「ともに生きる学び」の推進を掲げている。さらに「教育人材政策課」を設置し，教員養成・採用・研修を一元化し，社会教育人材育成と一体化させ，教育にかかわる人材育成を総合的に推進する（文部科学省，2018）。「ともに生きる学び」に関連して，2019年には「障害者の生涯学習の推進方策について―誰もが，障害の有無にかかわらず共に学び，生きる共生社会を目指して―（報告）」がまとめられた。「誰もが，障害の有無にかかわらず共に学び，生きる共生社会」をめざすために，「障害者の生涯学習推進において特に重視すべき視点」として以下の4点をあげ，現状分析に基づいて，障害者の生涯学習を推進するための方策と早急に実施すべき課題について提言している。

1）本人の主体的な学びの重視
2）学校教育から卒業後における学びへの接続の円滑化
3）福祉，労働，医療等の分野の取組と学びの連携の強化
4）障害に関する社会全体の理解の向上

3．生涯学習社会の現状と課題

（1）生涯学習の方法と内容

① 生涯学習の方法

教育基本法第3条にあるように，生涯学習は「あらゆる機会に，あらゆる場所において学習すること」ができるものである。したがって，学習の方法も学習集団，学習場所，教授学習方法の組み合わせによって多種多様な形態が生まれる。図8-4は，佐藤（2020）による「生涯学習の形態」を示している。

内閣府（2018）の調査によれば，学習形態のうち，最も多いのが「インターネット」22.6％であり，次いで「職場の教育，研修」21.5％，「自宅での学習活動（書籍など）」17.8％となっている。いっぽう，埼玉県教育委員会（2019）による調査結果をみると，「公民館」が27.9％と最も多く，次いで「スポーツ施設・公園」27.3％，「生涯学習に関する施設（コミュニティセンターなど）」

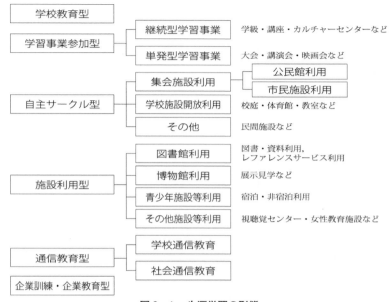

図 8 - 4　生涯学習の形態

出典：佐藤（2020）より転載

25.8％，「図書館」23.5％と社会教育施設が上位を占めている。

　インターネットや自宅での活動，図書館などは「個人学習」が中心となる。いっぽう，公民館などでの活動は複数での「集合学習」が主である。「集合学習」のうち講師などによる一方向的な学びの形態を「集会学習」という。また参加者同士の交流や，アクティブラーニングのように双方向の学びを含むものを「集団学習」という。ワークショップもその１つであり，生涯学習においても積極的に導入されている。

　ワークショップの代表的な手法としては，自由に意見を出し合う「ブレーンストーミング」や，出し合った意見を分類してまとめていく「KJ 法」のほか，「バズセッション」「ワールドカフェ」「ロールプレイ」などがある。

　近年では，学校教育においても活用されている「思考ツール」の導入も進んでいる。「思考ツール」には，「イメージマップ（関連づけ）」「ピラミッド

チャート」「フィッシュボーンチャート（構造化）」「くらげチャート（理由づけ）」「ベン図（比較）」「Ｘチャート／Ｙチャート（分類・多面的思考）」など，目的に応じて利用できるものが多数ある。

② 生涯学習の内容

図8-5は，埼玉県教育委員会（2019）による「この１年に行った生涯学習活動」についての調査結果である。「スポーツ・健康に関するもの」「趣味に関するもの」がそれぞれ３割以上と多くなっている。また「ボランティアに関するもの」が２割弱となっており，ボランティア活動に向けた学びに対する興味関心が高いことがわかる。また「生涯学習で学んだ知識，技能，経験等を生か

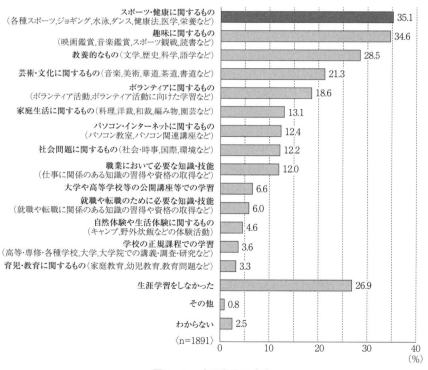

図8-5　生涯学習の内容

出典：埼玉県教育委員会（2019）

していると思う」は 62.1% であり，「どのように生かしているか」については，「人生が豊かになっている」67.8%，「健康の維持・増進に役立っている」51.0% であった。地域社会での活用については，「地域や社会での活動に生かしている」28.2%，「ボランティア活動に生かしている」26.6% となっている。内閣府（2018）の調査においても，「地域社会での活動に生かしている」が 21.2% を占めており，生涯学習の成果の地域社会への還元が，ある程度実現しているといえるだろう。

（2）生涯学習の課題と展望

　教育基本法における生涯学習の理念を実現するために，わが国の生涯学習は着実に前進を重ねている。2018 年に再編成された文部科学省の総合教育政策局を中心に「人生 100 年時代の継続的な学びの推進」と「地域課題解決や社会参画のための学び」をめざして具体的な施策を進めている。

　内閣府（2018）の調査によれば，「多くの人が地域や社会での活動に参加するようになるためには，どのようなことが必要だと思いますか」という質問に対し，最も多かったのが「地域や社会での活動に関する情報提供」（42.3%）であり，次いで「地域や社会に関する講習会の開催など，活動への参加につながるようなきっかけ作り」（41.8%）となっている。また埼玉県教育委員会（2019）の調査では，「住民の生涯学習活動をさらに盛んにするために，あなたは，県や市町村はどのような支援に力をいれるべきだとおもいますか」という質問に対し，「講座やイベント等を学ぶ機会に関する情報提供」（54.9%）が首位であった。

　情報提供が進んでも，その情報が必要な人に届かなければ意味がない。地域と学校，社会教育施設，家庭などが連携して，ネットワーク型のコミュニティが機能して，そのなかに地域の人たちを取り込んでいくことで，自然と情報がながれ，きっかけづくりができるようになる。また新たな課題として掲げられている「ともに生きる学び」を実現するためには，障がいのある人たちや支援を必要としている人たちに対する配慮も求められている。「人生 100 年時代」

を生きる私たちにとって，「生涯学習」とは「生きること」そのものになっているのかもしれない。

参考・引用文献

埼玉県教育委員会（2019）『第63回アンケート「生涯学習活動について」』埼玉県ウェブサイト

笹井宏益・中村香（2013）『生涯学習のイノベーション』玉川大学出版部

佐藤晴雄（2020）『生涯学習概論　第2次改訂版』学陽書房

田中雅文他（2020）『テキスト生涯学習―学びがつむぐ新しい社会〈新訂2版〉』学文社

内閣府（2018）「生涯学習に関する世論調査」

文部科学省（2008）「新しい時代を切り拓く生涯学習の振興方策について（答申）」中央教育審議会答申

文部科学省（2018）「総合教育政策局のミッション」文部科学省ウェブサイト

ユネスコ21世紀教育国際委員会／天城勲訳（1997）『学習　秘められた宝』ぎょうせい

E. フォール／国立教育研究所訳（1975）『未来の学習』第一法規出版

E. ジェルビ／前平泰志訳（1983）『生涯教育―抑圧の解放と弁証法』東京創元社

M. ノールズ／堀薫夫・三輪建二監訳（2002）『成人教育の現代的実践―ペダゴジーからアンドラゴジーへ』鳳書房

OECD編／文部省訳（1974）『リカレント教育―生涯学習のための戦略』文部省大臣官房

P. ラングラン／波多野完治訳（1984）『生涯教育入門　第一部』全日本社会教育連合会

本章の課題

1. ラングランの生涯学習（lifelong integrated education）の定義において，「integrated」とはどのような意味なのか，説明しましょう。
2. 2006年に教育基本法が改正される前後での生涯学習に関する政策の違いを比較してみましょう。

第9章
社会教育制度

　2018年の中央教育審議会答申において，これからの時代の社会教育は「開かれつながる社会教育」であるとの方向性が示されました。改正教育基本法に基づいて社会教育は「人づくり」（個人の成長）と「地域づくり」（地域社会の発展）の双方に重要な意義と役割をもっていることが明記されています。

　本章では，社会教育施設やそれらを支える社会教育の指導者のこれまでの経緯と現状について，学び地域や他の団体との連携に基づくネットワーク型行政に基づく社会教育のあり方について考えていきます。

1．社会教育と社会教育施設

（1）社会教育とは何か

　社会教育とは，学校教育・家庭教育を除く「組織的な教育活動」であり，「偶発的学習（無意図的学習）」や「独力的学習」は含まれない。また「主として青少年及び成人に対して行われる」とあるように，「生涯学習」が学ぶ側からの視点で定義されるのに対して，社会教育は教える側（教育を行う側）からの視点で定義されている（図8-1参照）。

> **社会教育法　第二条**
> この法律において「社会教育」とは，学校教育法又は就学前の子どもに関する教育，保育等の総合的な提供の推進に関する法律に基づき，学校の教育課程として行われる教育活動を除き，主として青少年及び成人に対して行われる組織的な教育活動（体育及びレクリエーションの活動を含む。）をいう。

2006年に教育基本法が改正され，社会教育に関する条文も見直しが行われた。以下に示すとおり改正前後で比較すると，教育基本法がめざしている社会教育の姿が明確となる（下線筆者）。

【改正前】教育基本法

第七条　家庭教育及び勤労の場所その他社会において行われる教育は，国及び地方公共団体によって奨励されなければならない。

2　国及び地方公共団体は，図書館，博物館，公民館等の施設の設置，学校の施設の利用その他適当な方法によって教育の目的の実現に努めなければならない。

【改正後】教育基本法

第十二条　<u>個人の要望や社会の要請にこたえ</u>，社会において行われる教育は，国及び地方公共団体によって奨励されなければならない。

2　国及び地方公共団体は，図書館，博物館，公民館その他の社会教育施設の設置，学校の施設の利用，<u>学習の機会及び情報の提供</u>その他の適当な方法によって社会教育の振興に努めなければならない。

改正後，最も重視されているのが，「個人の要望や社会の要請にこたえ」の部分である。第8章でも述べたようにこれは生涯学習の目的を意味しており，「個人の要望」とは「自己実現（よりよく生きること）」であり，「社会の要請」とは「社会や地域の課題解決」を意味している。この目的に合うような社会教育を提供することが求められているのである。また第2項には，「学習の機会及び情報の提供」が追加されている。社会教育施設における教育機能の向上については，教育基本法改正後に博物館法と図書館法がそれぞれ改正されている。

さらに2012年の生涯学習分科会における議論において，教育基本法改正以後の社会教育行政の再構築のイメージが提案された（図9-1）。従来の「自前主義」から脱却し首長部局・大学等・民間団体などと連携して地域住民も一体となって協働して「ひらく・つながる・むすぶ」といった機能をさまざまな領域で発揮する「社会教育行政の再構築」（ネットワーク型行政の推進）を実施していくことが必要であると提言されている（文部科学省，2012）。

2018年には，中央教育審議会答申「人口減少時代の新しい地域づくりに向

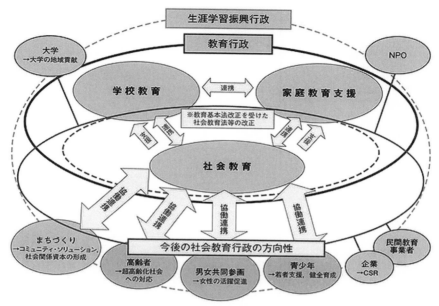

図9-1　今後の社会教育行政再構築のイメージ図

出典：文部科学省（2012）

けた社会教育の振興方策について」において，「開かれつながる社会教育」の
姿がより具体的に述べられている（図9-2は答申概要の一部）。

　教育基本法に示された「個人の要望」と「社会の要請」に対応するために，
①人づくり（自主的・自発的な学びによる知的欲求の充足，自己実現・成長），②
地域づくり（地域に対する愛着や帰属意識，地域の将来像を考え取り組む，意欲の
喚起，住民の主体的参画による地域課題解決）の柱を立て，さらに，③つながり
づくり（住民の相互学習を通じつながり意識や住民同士の絆の強化，それをつなげ
る）の視点を設けることで学びと活動の好循環をつくることができるとしてい
る（文部科学省，2018）。「つながりづくり」は本答申で新たに追加されたもの
で2つの視点だけではうまく循環しなかった点を解消するねらいがある。

　また今後の社会教育施設に求められる役割として，地域の学習拠点としての
役割に加えて以下のような役割も期待される（文部科学省，2018）。

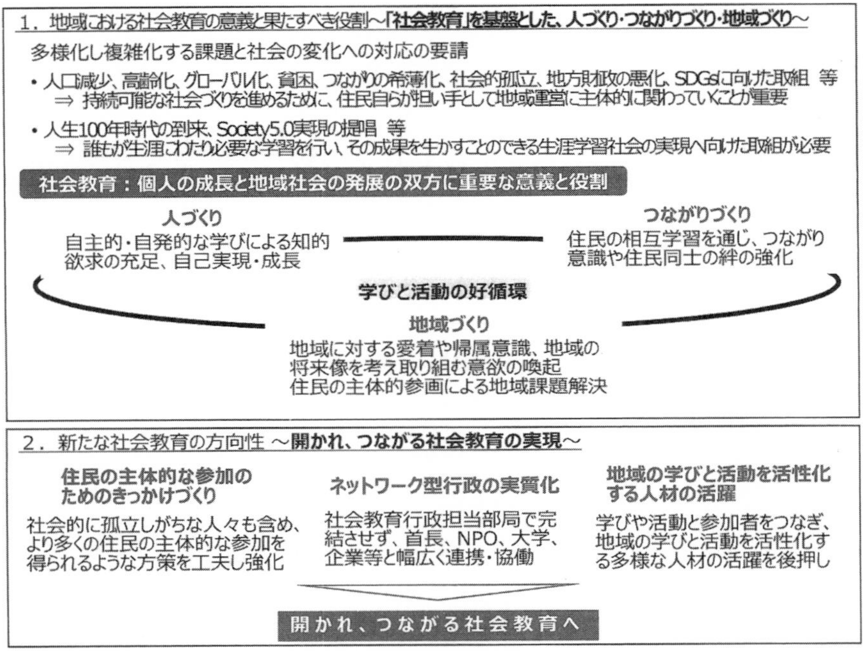

図9-2　地域における社会教育のめざすもの

出典：文部科学省（2018）

・公民館：地域コミュニティの維持と持続的な発展を推進するセンター的役割地域の防災拠点
・図書館：他部局と連携した個人のスキルアップや就業等の支援住民のニーズに対応できる情報拠点
・博物館：学校における学習内容に即した展示・教育事業の実施観光振興や国際交流の拠点

　また，本答申に従い2019年に法改正が行われ，教育委員会が所管する公立の図書館，博物館，公民館，その他の社会教育に関する教育機関について，まちづくり・観光などほかの行政分野との一体的な取り組みの推進などのために地方公共団体がより効果的と判断する場合には，社会教育の適切な実施の確保に関する一定の担保措置を講じたうえで条例により地方公共団体の長が所管す

ることが可能となった（文部科学省，2019）。

（2）公民館

　公民館は，地域住民にとって最も身近な学習の拠点であり，地域コミュニティの交流の場としても主要な役割を果たしている。公民館の目的および事業については，社会教育法において以下のように定められている。

社会教育法
第二十条　公民館は，市町村その他一定区域内の住民のために，実際生活に即する教育，学術及び文化に関する各種の事業を行い，もつて住民の教養の向上，健康の増進，情操の純化を図り，生活文化の振興，社会福祉の増進に寄与することを目的とする。
第二十二条　公民館は，第二十条の目的達成のために，おおむね，左の事業を行う。但し，この法律及び他の法令によって禁じられたものは，この限りでない。
　一　定期講座を開設すること。
　二　討論会，講習会，講演会，実習会，展示会等を開催すること。
　三　図書，記録，模型，資料等を備え，その利用を図ること。
　四　体育，レクリエーション等に関する集会を開催すること。
　五　各種の団体，機関等の連絡を図ること。
　六　その施設を住民の集会その他の公共的利用に供すること。

　公民館は，住民同士が「つどう」「まなぶ」「むすぶ」ことを促し，人づくり・地域づくりに貢献するための社会教育施設である。具体的にいえば，①「つどう」：生活のなかで気軽に人々が集うことができる場であること，②「まなぶ」：自らの興味関心に基づいてまた社会の要請に応えるための知識や技術を学ぶための場であること，③「むすぶ」：地域のさまざまな機関や団体の間にネットワークを形成することを意味している（文部科学省・財団法人ユネスコ・アジア文化センター，2010）。

　社会教育施設数の経年変化を示している図9-3をみると，2018年10月現在で公民館数は1万4281施設であり，近年は減少傾向にある。

　公民館には会議室や図書室のほか調理室や和室などもあり，さまざまな講座

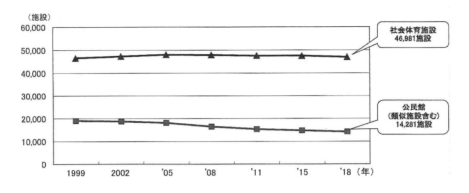

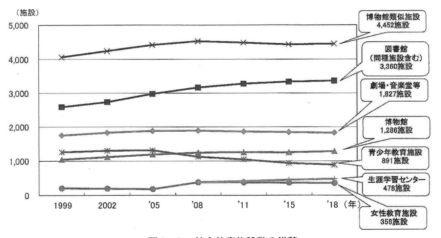

図9-3 社会教育施設数の推移

出典：文部科学省（2020）をもとに一部改変

　やサークル活動が行われており，住民が集う場として活用されている。近年では子どもの居場所として，「子ども食堂」が定期的に開催されたり，放課後に集まる子どもたちを支援したりする団体がいる公民館もある。

　公民館の類似施設としては，小規模の集落に設置されている「コミュニティセンター」などがある。また兵庫県尼崎市のように，地区センターと公民館を「生涯学習プラザ」として再構築して，従来の「公民館」という名称を使用し

ていない地域もある。

（3）図書館

　図書館は継続して増加しており，2018 年 10 月現在 3360 施設となっている（図 9 - 3）。図書館には，地方公共団体が設置する公立図書館のほか，国立図書館，私立図書館，大学図書館，学校図書館などがある。

　図書館における事業を「図書館奉仕」といい，その内容は図書館法第 3 条において以下のように定められている。

　1）郷土資料，地方行政資料，美術品，レコード及びフィルムの収集にも十分留意して，図書，記録，視聴覚教育の資料その他必要な資料を収集し，一般公衆の利用に供すること。
　2）図書館資料の分類排列を適切にし，及びその目録を整備すること。
　3）図書館の職員が図書館資料について十分な知識を持ち，その利用のための相談に応ずるようにすること。
　4）他の図書館，国立国会図書館，地方公共団体の議会に附置する図書室及び学校に附属する図書館又は図書室と緊密に連絡し，協力し，図書館資料の相互貸借を行うこと。
　5）分館，閲覧所，配本所等を設置し，及び自動車文庫，貸出文庫の巡回を行うこと。
　6）読書会，研究会，鑑賞会，映写会，資料展示会等を主催し，及びこれらの開催を奨励すること。
　7）時事に関する情報及び参考資料を紹介し，及び提供すること。
　8）社会教育における学習の機会を利用して行った学習の成果を活用して行う教育活動その他の活動の機会を提供し，及びその提供を奨励すること。
　9）学校，博物館，公民館，研究所等と緊密に連絡し，協力すること。

　このうち上記 8）でいう「学習の成果を活用した教育活動の提供」については，教育基本法の改正を受けて 2008 年に新たに追加されたものである。また同条の冒頭において，従来の学校教育に加え「家庭教育の向上に資することに留意し」といった記載もなされた。

（4）博物館

　博物館には，歴史博物館や科学博物館などのほか，美術館，動物園，水族館などさまざまな施設がある。また地方公共団体などに設置主体が制限されている「登録博物館」以外に，「博物館相当施設」および登録なしで設置できる「博物館類似施設」がある。「登録博物館」には館長と学芸員が必要となっており，年間150日以上開館する必要がある（表9-1）。

　博物館数の推移を示す図9-4をみると，2018年10月現在の登録博物館は914館，博物館相当施設は372館，博物館類似施設が4452館あり合計で5738となっている。博物館数は，2008年までは増加傾向にあったが，それ以降はほぼ横ばいである。

　博物館法第3条には，博物館の事業として以下の11項目が定められている。

1）実物標本模写模型文献図表写真フィルムレコード等の博物館資料を豊富に収集し保管し及び展示すること。
2）分館を設置し又は博物館資料を当該博物館外で展示すること。
3）一般公衆に対して博物館資料の利用に関し必要な説明助言指導等を行い又は研究室実験室工作室図書室等を設置してこれを利用させること。
4）博物館資料に関する専門的技術的な調査研究を行うこと。
5）博物館資料の保管及び展示等に関する技術的研究を行うこと。
6）博物館資料に関する案内書解説書目録図録年報調査研究の報告書等を作成し及び頒布すること。
7）博物館資料に関する講演会講習会映写会研究会等を主催し及びその開催を援助すること。
8）当該博物館の所在地又はその周辺にある文化財保護法の適用を受ける文化財について解説書又は目録を作成する等一般公衆の当該文化財の利用の便を図ること。
9）社会教育における学習の機会を利用して行った学習の成果を活用して行う教育活動その他の活動の機会を提供し及びその提供を奨励すること。
10）他の博物館博物館と同一の目的を有する国の施設等と緊密に連絡し協力し刊行物及び情報の交換博物館資料の相互貸借等を行うこと。
11）学校図書館研究所公民館等の教育学術又は文化に関する諸施設と協力しその活動を援助すること。

表9-1　博物館の種別

種別	登録要件(設置主体)	設置要件	登録又は指定主体
登録博物館	地方公共団体一般社団法人宗教法人など	・館長，学芸員必置	都道府県教育委員会
		・年間150日以上開館など	
博物館相当施設	制限無し	・学芸員に相当する職員必置	都道府県教育委員会
		・年間100日以上開館など	
博物館類似施設	制限無し	制限無し	なし

出典：文部科学省（2020）

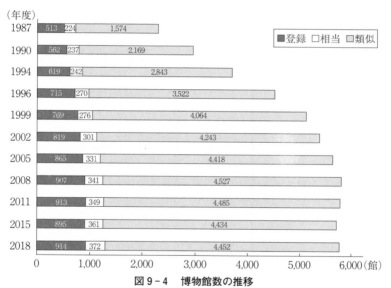

図9-4　博物館数の推移

出典：文部科学省（2020）をもとに一部改変

　図書館法と同様に上記9）の「学習の成果を活用した教育活動の提供」は，2008年の改正で追加され学芸員の資質向上をねらいとする資格要件の改訂もあわせて実施した。

（5）その他の社会教育施設

　その他の社会教育施設としては，青少年教育施設・女性教育施設生涯学習セ

ンターなどがある。

　2006年4月に3法人が統合し，「独立行政法人国立青少年教育振興機構」が設立された（表9-2）。これにより総合的・体系的な一貫性のある体験活動などの機会を提供することや，他団体との連携協力青少年団体への助成などがより効果的に実施されることとなった。その他の青少年教育施設としては，子どもたちの科学や文化芸術への理解と関心を高め心身の健全な育成を図るために設置された「学び」と「遊び」の活動交流拠点としての「児童文化センター」などがある。

　女性教育施設は，女性のための学習や研究・交流の拠点である。近年は，仕事と家庭・地域活動の両立を支援するためのさまざまな学習事業が展開されており，男女共同参画をめざした男女ともに利用できる施設となっている。2018年10月現在で358施設があり，2008年をピークに減少している。国立女性教育会館（NWEC：ヌエック）はわが国唯一の女性教育のナショナルセンターである。

　生涯学習センターは，1990年の中央教育審議会答申「生涯学習の基盤整備について」において提言され生涯学習情報の提供・発信学習プログラムの企画・運用生涯学習のための人材育成など幅広い業務を行っている。2018年10月現在で478施設があり，2008年からの10年間増加が続いている。

表9-2　青少年施設の統合

2006年4月に3法人が統合 ・独立行政法人国立オリンピック記念青少年総合センター ・独立行政法人国立青年の家 ・独立行政法人国立少年自然の家 　⇒独立行政法人国立青少年教育振興機構		
国立オリンピック記念 青少年総合センター	国立青少年交流の家	国立青少年自然の家
都市型の青少年施設として，青少年教育関係者等の学習活動を促進するための教育的支援	ボランティア活動や就労体験といった交流体験を中心とした教育プログラムの企画・実施	野外活動や環境学習といった自然体験を中心とした教育プログラムの企画・実施

出典：国立青少年教育振興機構ウェブサイトより筆者作成

２．社会教育の指導者

（１）指導系職員の推移

　社会教育施設の指導系職員とは，社会教育主事，公民館主事，図書館の司書，博物館の学芸員のほか社会教育施設で指導的な立場にある職員をさす。司書，学芸員，社会教育施設指導系職員および劇場音楽堂等指導系職員は増加傾向にあり，2018 年 10 月現在で過去最多となっている。司書は 2 万 130 人，学芸員は 8403 人である。いっぽう，社会教育主事と公民館主事は減少が続いており，社会教育主事 1681 人，公民館主事 1 万 2334 人となっている。

（２）指導系職員の役割

① 社会指導主事

　社会教育主事は，社会教育法第 9 条第 2 項において都道府県および市町村の教育委員会の事務局におくことが定められている専門的職員である。社会教育主事の資格を得るには，社会教育主事講習修了や社会教育主事養成課程での必要単位修得に加え一定期間の経験年数が必要となる。2020 年 4 月には，社会教育主事講習や社会教育主事養成課程の学習成果が広く社会における教育活動に生かされるように「社会教育士」の称号が制度化された。

　社会指導主事の職務については，社会教育法第 9 条第 3 項で以下のように定められている。3 項の 2 については，教育基本法の改正を受けて 2008 年の社

表 9 - 3　**社会教育施設指導系職員数**　　　（人）

施設等区分 指導者等区分	計	都道府県・市町村教育委員会 社会教育主事	公民館（類似施設含む） 公民館主事（指導系職員）	図書館（同種施設含む） 司書	博物館 学芸員	博物館類似施設 学芸員	青少年教育施設 指導系職員	女性教育施設 指導系職員	社会体育施設 指導系職員	劇場，音楽堂等 指導系職員	生涯学習センター 指導系職員
2002 年度	54,353	5,383	18,591	10,977	3,393	2,243	2,921	290	8,963	1,592	…
2005 年度	55,449	4,119	17,805	12,781	3,827	2,397	2,961	263	9,599	1,697	…
2008 年度	58,810	3,004	15,420	14,596	3,990	2,796	2,974	478	12,743	1,928	881
2011 年度	62,407	2,518	14,454	16,923	4,396	2,897	2,746	417	15,286	1,879	891
2015 年度	65,102	2,048	13,275	19,015	4,738	3,083	2,852	445	16,742	2,045	859
2018 年度	66,434	1,681	12,334	20,130	5,025	3,378	2,797	455	17,591	2,163	880

出典：文部科学省（2020）をもとに一部改変

会教育法改正により追加されたものである。

　開発計画研究所（2011）の調査によれば，社会教育主事の「現状の実務上の
比重」が最も重いのは「学習計画や学習内容の立案・編成」である。また，
「今後の実務の重要度」について教育委員会が最も重要であると考えているの
が「地域の社会教育計画立案」である一方，社会教育主事が最も重要であると
考えているのは「地域の学習課題やニーズ把握」および「学校教育と社会教育
との連携」である。

② 図書館司書

　図書館の司書は，図書館法第4条において図書館におかれる専門的職員であ
り専門的事務に従事すると定められている。司書に占める専任職員の割合は
年々低下しており，2002年には66.7%であったが，2018年には25.8%となっ
ている。いっぽう非常勤職員の割合は，この
10年間5割程度となっている。

　2008年の図書館法改正を受け地域社会の課
題や人々の情報要求に対して的確に対応できる
司書を養成するために大学における司書課程科
目の改訂が行われた。表9-4は科目の新旧比
較を示している。

③ 学芸員

　学芸員は，博物館法第4条において，「博物
館資料の収集保管展示及び調査研究その他これ
と関連する事業についての専門的事項をつかさ

N = 20130
図9-5　図書館司書の割合
（2018年10月現在）
出典：文部科学省（2020）より筆者
　　作成

表9-4　図書館司書課程科目の改訂

〈現行科目〉

	No.	科目名	単位数
必修科目	1	生涯学習概論	1単位
	2	図書館概論	2単位
	3	図書館経営論	1単位
	4	図書館サービス論	2単位
	5	情報サービス概説	2単位
	6	児童サービス論	1単位
	7	レファレンスサービス演習	1単位
	8	情報検索演習	1単位
	9	図書館資料論	2単位
	10	専門資料論	1単位
	11	資料組織概説	2単位
	12	資料組織演習	2単位
選択科目	13	図書及び図書館史	1単位
		資料特論	1単位
	14	コミュニケーション論	1単位
		情報機器論	1単位
		図書館特論	1単位

〈改正科目〉

	No.	区　分	科目名	単位数
必修科目	1	基礎科目	生涯学習概論	2単位
	2		図書館概論	2単位
	3		図書館情報技術論	2単位
	4		図書館制度・経営論	2単位
	5	図書館サービスに関する科目	図書館サービス概論	2単位
	6		情報サービス論	2単位
	7		児童サービス論	2単位
	8		情報サービス演習	2単位
	9	図書館情報資源に関する科目	図書館情報資源概論	2単位
	10		情報資源組織論	2単位
	11		情報資源組織演習	2単位
選択科目	12 13	（2科目選択）	図書館基礎特論	1単位
			図書館サービス特論	1単位
			図書館情報資源特論	1単位
			図書・図書館史	1単位
			図書館施設論	1単位
			図書館総合演習	1単位
			図書館実習	1単位

（14科目20単位）　　　　　　　　　　　　（13科目24単位）

講義　11科目　16単位　　240時間　　　講義　　　11〜9科目　20〜18単位　300〜270時間

演習　3科目　4単位　<u>60〜120時間</u>　　　演習・実習　2〜4科目　4〜6単位　<u>60〜195時間</u>

　　　　　　　　　300〜360時間　　　　　　　　　　　　　　　　　360〜465時間

※　講義：1単位15時間，演習：1単位15〜30時間，実習：1単位30〜45時間とする。

出典：これからの図書館の在り方検討協力者会議（2009）

どる」専門的職員であると規定されている。学芸員の割合は，2018年10月現在で専任が6割以上を占めているが，近年では指定管理者の参入も進んでいる（図9-6）。

　教育基本法改正を受けて，新しい時代における博物館や学芸員の役割が再検討された。これからの博物館のあり方に関する検討協力者会議（2007）は学芸員に求められる専門性について以下の4点をあげている。

　1）資料及びその専門分野に必要な知識及び研究能力

　2）資料に関する収集・保管・展示等の実践技術
　3）高いコミュニケーション能力を有し教育活動等を展開できる能力
　4）一連の博物館活動を運営管理できる能力

　また同会議では，大学における学芸員養成課程の科目の見直しも行われた。履修科目は8科目12単位から9科目19単位になり「博物館資料保存論」「博物館展示論」および「博物館教育論」などが新設された（図9-7）。

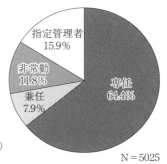

指定管理者
15.9%

非常勤
11.8%

兼任
7.9%

専任
64.4%

図9-6　学芸員の割合（2018年10月現在）
出典：文部科学省（2020）より筆者が作成

N＝5025

旧科目						新科目	
昭和30年10月4日〜平成9年3月31日			平成9年4月1日〜平成24年3月31日			平成24年4月1日〜現在	
科目名	単位数	《読替え》	科目名	単位数	《読替え》	科目名	単位数
社会教育概論	1	○	生涯学習概論	1	○	生涯学習概論	2
博物館学	4	○	博物館概論	2	○	博物館概論	2
		○	博物館経営論	1	○	博物館経営論	2
		○	博物館資料論	2	○	博物館資料論	2
		○				博物館資料保存論	2
						博物館展示論	2
			博物館情報論	1	○	博物館情報・メディア論	2
視聴覚教育	1	○	視聴覚教育メディア論	1			
教育原理	1	○	教育学概論	1	✕	博物館教育論	2
博物館実習	3	○	博物館実習	3	○	博物館実習	3
（5科目10単位）			（8科目12単位）			（9科目19単位）	

図9-7　学芸員課程科目の改訂
出典：文化庁ウェブサイトより転載

（3）指定管理者制度

　指定管理者制度とは，公の施設の目的を効果的に達成するため必要があると認めるときは，条例の定めるところにより，法人そのほかの団体を指定して，その施設の管理を代行して行わせることができるという制度であり，2003年の地方自治法改正により導入された。

　公立の施設数に占める指定管理者導入施設の割合の推移をみると，すべての施設において指定管理者の割合は増加しており，最も導入が進んでいるが「劇場・音楽堂等」である（図9‐8）。比較的導入が遅かった公民館や図書館においても割合は増加しており，2018年10月現在で公民館の約1割が指定管理者を導入している。

　地方においては受託可能な業者がいない場合もあり，「経費削減効果が望めない」「住民との密接な関係を維持するため」「業務の専門性が高い」などの理由で指定管理者の導入は考えていない自治体も多い。

　総務省（2016）の調査によれば，都道府県の約6割，指定都市の約7割，市区町村の約4割で公募制を実施している。また選定基準は，「サービス向上」

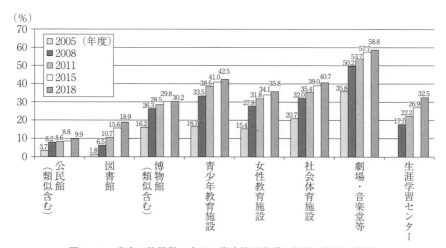

図9‐8　公立の施設数に占める指定管理者導入施設の割合の推移
出典：文部科学省（2020）をもとに一部改変

が最も多く，次いで「業務遂行能力」「管理経費の節減」などとなっている。指定管理者の評価については，約8割の自治体が実施している。

　社会教育施設における指定管理者制度の導入は，高い専門性が求められるとともに社会教育のあり方ともかかわる問題である。従来型の管理運営委託との混同や制度導入の背景への誤解などがあるため，民間の力を導入することの利点を生かしつつ本質的な課題を見据えた対応が求められる。

参考・引用文献

開発計画研究所（2011）『平成22年度文部科学省委託事業「生涯学習施策に関する調査研究」社会教育指導者の職務に関する調査研究報告書

総務省（2016）「公の施設の指定管理者制度の導入状況等に関する調査結果」自治行政局行政経営支援室

文部科学省（2007）「新しい時代の博物館制度の在り方について」これからの博物館の在り方に関する検討協力者会議

文部科学省（2009）「司書資格取得のために大学において履修すべき図書館に関する科目の在り方について（報告）」これからの図書館の在り方検討協力者会議

文部科学省（2012）「第6期 中央教育審議会生涯学習分科会における議論の整理」（中間とりまとめ）

文部科学省（2018）「人口減少時代の新しい地域づくりに向けた社会教育の振興方策について」中央教育審議会答申

文部科学省（2019）「地域の自主性及び自立性を高めるための改革の推進を図るための関係法律の整備に関する法律（社会教育関係抜粋）（概要）」

文部科学省（2020）「社会教育調査（平成30年度）」文部科学省ウェブサイト

文部科学省・財団法人ユネスコ・アジア文化センター（2010）『公民館　Kominkan Community Learning Centers（CLC）of Japan』

本章の課題

1．「社会の要請」に応えるための，社会教育の具体的な例を考えてみましょう。
2．学芸員にとって，なぜ「高いコミュニケーション能力」が必要とされるのでしょうか。コミュニケーション能力を生かした業務にはどのようなものがあるか考えてみましょう。

第10章
社会に開かれた学校・保育所

　私たちは「共有」の時代を迎えています。国連が打ち出した「持続可能な開発目標（SDGs）」は，17のゴール・169のターゲットから構成されており，地球規模で目標を共有し，課題に取り組むことをめざしています。わが国では，次代を担う子どもに対して，「どのような資質を育むのか」という目標を共有し，同時に「地域における課題」を共有することで，地域社会と学校がともに課題解決に向けた人材育成，組織づくりに取り組むことができる仕組みを構築しつつあります。

　本章では，学校や保育所と家庭，地域社会との連携・協働がどのように進んでいるのかを，今後の展望も含めて考えていきたいと思います。

1．学校と家庭・地域の連携
（1）地域とともにある学校

　改正教育基本法は，生涯学習社会を基盤とする地域と学校，家庭が連携した社会づくりを意図している。2015年，中央教育審議会は「新しい時代の教育や地方創生の実現に向けた学校と地域の連携・協働の在り方と今後の推進方策について（答申）」を提出した。答申において，学校と地域の連携・協働の重要性を指摘し，「これからの学校と地域の目指すべき連携・協働の姿」として以下の3点をあげている（文部科学省，2015）。

　1）地域とともにある学校への転換
　　開かれた学校から一歩踏み出し，地域の人々と目標やビジョンを共有し，地

域と一体となって子供たちを育む「地域とともにある学校」に転換。
2）子供も大人も学び合い育ち合う教育体制の構築
　　地域の様々な機関や団体等がネットワーク化を図りながら，学校，家庭及び
　地域が相互に協力し，地域全体で学びを展開していく「子供も大人も学び合い
　育ち合う教育体制」を一体的・総合的な体制として構築。
3）学校を核とした地域づくりの推進
　　学校を核とした協働の取組を通じて，地域の将来を担う人材を育成し，自立
　した地域社会の基盤の構築を図る「学校を核とした地域づくり」を推進。

　図10-1は「地域とともにある学校」のイメージ図である。学校教育，家庭
教育，社会教育の連携を核として，社会におけるさまざまな組織，団体などと
「目標」を共有し，緩やかなネットワークを形成している。「目標」とは「次代
を担う子供たちに対して，どのような資質を育むか」ということと同時に，
「未来に向けてどのような社会を作りたいか」という意味も含まれている。
　本答申が出された同じ年に，国連は「国連持続可能な開発サミット」を開催

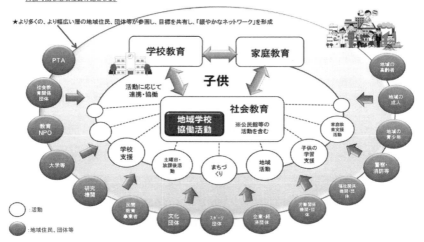

図 10-1　地域とともにある学校

出典：文部科学省（2015）

し「我々の世界を変革する持続可能な開発のための 2030 アジェンダ」を採択している。アジェンダには 17 のゴール・169 のターゲットから構成される「持続可能な開発目標（SDGs：Sustainable Development Goals）」が記載された。「誰一人取り残さない（leave no one behind）」という指針とともに，こうした地球規模の目標も共有していくべきものである。

（2）地域学校協働活動

地域学校協働活動とは，社会教育法第 5 条に規定される地域住民等が学校と協働して行うさまざまな活動を意味している。

社会教育法　第五条
2　市町村の教育委員会は，前項第十三号から第十五号までに規定する活動であって地域住民その他の関係者が学校と協働して行うもの（以下「地域学校協働活動」という。）の機会を提供する事業を実施するに当たっては，地域住民等の積極的な参加を得て当該地域学校協働活動が学校との適切な連携の下に円滑かつ効果的に実施されるよう，地域住民等と学校との連携協力体制の整備，地域学校協働活動に関する普及啓発その他の必要な措置を講ずるものとする。

学校と地域社会との連携・協働を推進するために，2017 年度から従来の学校支援地域本部を強化し，地域学校推進本部の設置を推進していくこととなった。図 10-2 は地域学校推進本部とこれを支える仕組みである。地域学校推進本部の設置により，以下の効果が期待できる。

1）コーディネート機能の強化
2）より多くのより幅広い層の活動する地域住民の参画による活動の多様化
3）継続的な地域学校協働活動の実施

従来は，活動を主に仕切っている人が活動にかかわれなくなると，活動そのものが停滞してしまうということがたびたびあったが，すべての活動を組織的にコーディネートすることで，活動の継続性や質の向上が期待できる。

社会教育法　第九条の七

教育委員会は，地域学校協働活動の円滑かつ効果的な実施を図るため，社会的信望があり，かつ，地域学校協働活動の推進に熱意と識見を有する者のうちから，地域学校協働活動推進員を委嘱することができる。

2　地域学校協働活動推進員は，地域学校協働活動に関する事項につき，教育委員会の施策に協力して，地域住民等と学校との間の情報の共有を図るとともに，地域学校協働活動を行う地域住民等に対する助言その他の援助を行う。

　第三期教育振興基本計画（2018年6月閣議決定）においては，すべての小・中学校区において地域学校協働活動が推進されることをめざしている。文部科学省の調査（文部科学省，2020）によれば，2020年7月現在で，全国の地域学校協働本部は1万878本部であり，全国の公立小・中・義務教育学校において地域学校協働本部がカバーしている学校は60.3％である。

　2017年に社会教育法が改正され，教育委員会による地域学校協働活動推進員の委嘱が可能となった。全国で地域学校協働活動推進員として委嘱を受けて

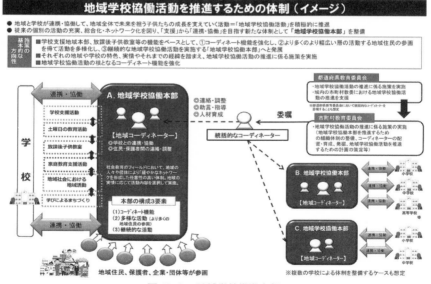

図 10- 2　地域学校推進本部

出典：文部科学省（2015）

いるのは 2 万 8822 人であり，全国の公立学校設置者のうち，地域学校協働活動推進員等を配置している割合は 83.5％となっている。

2．コミュニティ・スクール

　2004 年に地教行法が改正され，教育委員会が学校運営協議会を設置し，保護者や地域住民が一定の権限をもって学校運営に参画できるようになった。学校運営協議会を設置している学校をコミュニティ・スクールという。学校運営協議会の主な機能は以下の 3 点である。

　1）学校の運営に関する基本的な方針について承認する。
　2）学校の運営に関して教育委員会又は校長に対し意見を述べることができる。
　3）教職員の採用等に関して任命権者に意見を述べることができ，任命権者はこれを尊重する。

　2017 年の法改正により，学校運営協議会の設置が教育委員会の努力義務となったこともあり，コミュニティ・スクールの数は年々増加している。2020 年 7 月 1 日現在で，全国の公立学校（幼稚園・幼稚園型認定こども園・小学校・中学校・義務教育学校・高等学校・中等教育学校・特別支援学校）のコミュニティ・スクールは 9788 校（導入率 27.2％；前年度から 2187 校，導入率 5.9 ポイント増加）となっている。

　現在は，複数の学校が 1 つの学校運営協議会をおくこともできる。2020 年 7 月 1 日現在，複数校で 1 つ設置している協議会の数は 895 協議会（2188 校）で，協議会全体の 10.5％となっている（文部科学省，2020）。

地教行法　第四十七条の五
教育委員会は，教育委員会規則で定めるところにより，その所管に属する学校ごとに，当該学校の運営及び当該運営への必要な支援に関して協議する機関として，学校運営協議会を置くように努めなければならない。ただし，二以上の学校の運営に関し相互に密接な連携を図る必要がある場合として文部科学省令で定める場合には，二以上の学校について一の学校運営協議会を置くことができる。

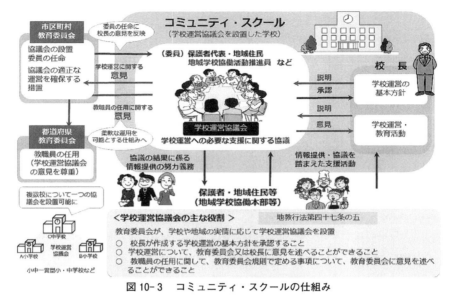

図 10-3　コミュニティ・スクールの仕組み

出典：文部科学省（2015）

3．幼稚園・保育所・認定こども園と家庭・地域の連携

（1）家庭・地域との連携の必要性

　子どもたちの生活は，園と家庭だけではない。園と家庭，地域社会との連続性のなかで営まれている。園での遊びを家庭にもち帰り遊んだり，家庭で出掛けた地域で印象に残った体験を園で再現しようとしたりと，幼稚園等で培われたものが家庭や社会生活に生かされ，家庭や地域社会での体験がその場だけで終わらず，園での遊びのきっかけとなり，園での生活や遊びが豊かになっていく。

　園において長期・短期の指導計画を作成し実践する際には，家庭や地域の物的・人的環境は子どもたちの生活や遊びにつながる教育資源であるという広い視野で子どもの興味や関心を生かす環境の構成や活動を考えていく必要がある。

（2）カリキュラム・マネジメントの視点から

　幼稚園教育要領では 1989 年の大幅な改訂以降，幼児期の教育の不易なものとして「環境を通して行う教育」「5 領域を踏まえた幼児の自発的な活動として行う遊びを中心とした生活を通しての総合的な指導」という考え方が継承されている。2017 年に幼稚園教育要領と保育所保育指針，幼保連携型認定こども園教育・保育要領が同時改訂（定）となったことで，この考え方は幼児期の教育・保育の基本としても共通になっている。

　幼稚園等の就学前の教育・保育施設において，家庭や地域と連携して子どもを健全に育成することは以前からいわれ実践されていることである。しかし，2017 年改訂の幼稚園教育要領などに，新しい言葉「カリキュラム・マネジメント」が示され，連携による教育活動の充実が求められている。幼稚園教育要領解説の第 1 章第 3 節教育課程の役割のなかで説明されているカリキュラム・マネジメントとは，各幼稚園において，以下の 3 点を通して，組織的かつ計画的に教育活動の質の向上を図っていくことである。

> ・「幼児期の終わりまでに育ってほしい姿」を踏まえた教育課程の編成
> ・教育課程の実施状況の評価・改善
> ・教育課程の実施に必要な人的又は物的な体制の確保・改善

　つまり一言でいうとカリキュラム・マネジメントとは，園の教育・保育の質の向上をめざす営みである。

　この前述の教育課程の実施に必要な「人的又は物的な体制」に，家庭や地域が含まれる。幼稚園等は今までも家庭や地域と連携をしてきている。しかし，今まで以上に，園の教育・保育の質を高めるという目的に向けて，さまざまな連携のあり方を確かにしていくことが必要なのである。

（3）家庭との連携

① 子育ての支援

　2006 年の教育基本法改正により，第 11 条に「幼児期の教育は，生涯にわた

る人格形成の基礎を培う重要なもの」と記載された。そして家庭教育に関しては，その責任のありかと役割について，幼児教育の1つ前の10条に明記されている。

> **教育基本法**
> **第十条**　父母その他の保護者は，子の教育について第一義的責任を有するものであって，生活のために必要な習慣を身に付けさせるとともに，自立心を育成し，心身の調和のとれた発達を図るよう努めるものとする。

　教育基本法に家庭教育まで規定したのは，児童虐待や少年非行などの問題が増え，家庭教育のあり方が問われ，保護者に健全な子育てを求めたからと考えられる。しかし，家庭の教育力が低下した，家庭の責任だといわれても，困惑してしまう保護者も多い。地域のかかわりが希薄化し，地域や家庭のなかで孤立して子育てをしている保護者には，責任をもって正しい子育てをするように要求されることは真面目に受け止める人ほど心的負担を増やすだけである。

　そこで，幼稚園等に在園している保護者に対して，園でできる子育ての充実が必要となった。保護者自身も都市化・少子化・核家族のなかで育ち，子育てを身近に見聞きし経験することなく保護者となり，子育て歴は子どもの年齢と同じである。3歳児の保護者は，3年しか子育ての経験がない人も多く，保護者の子育ての知識や技術が未熟であるのは当然のことである。頼れる人がなく，インターネットなどから情報を得る術は知っていても，その情報が正しいのかどうかの判断ができないまま信じてしまう保護者に，保護者の身近にいてわが子のことをよく知っている保育者が味方であることを感じ取れるように保護者に寄り添うことが大切である。それは，日常の何気ない保護者とのかかわりを通して，丁寧に信頼関係を育むことである。保護者は，肯定的な感情も否定的な子どもへの感情も経験しながら日々子育てをしている。保護者の子育ての喜びと不安・不満，その両方の気持ちを理解し，保護者が心穏やかに自分の判断で子育てをしていけるように支える存在に保育者がなる。保護者に代わって子育てをするのではなく，幼児の健やかな成長のために，保護者と「共に育て

る」関係をつくる。文部科学省が子育て支援ではなく「子育ての支援」といっているのは，この意味からである。子育ては楽しいことばかりではない。しかし，「たいへんだけれど子どもとのかかわりは楽しい」「たいへんだけれど子どもの成長はうれしい」「自分は社会のなかで大切な役割を果たしている」ということを保護者が実感できるよう，保護者を支えることが大切である。

　園には，保護者を巻き込むことのできるさまざまな取り組みがある。保護者が行事にかかわる意味は，もちろんわが子の成長を感じてもらうことであるが，その成長の姿から園で行っている教育活動の理解を促すためでもある。そこに，子育ての視点をプラスするということは，園で行っている教育活動が子どもたちの成長にふさわしい内容であること，保育者のような受け止め方，かかわり方が子どもたちの人的環境として大切であることを感じ取り，自らの子育ての参考として取り入れられるようにすることである。また，「わが子の成長が実感できる」「わが子はかわいい」「その子を育てているのは自分だ」と子どもに対しても自身に対しても肯定的な受け止めができるようにすることである。今までしてきている日常の様子を知る参観や運動会などの園行事などのねらいに，「子育ての支援」の視点を意識することで保育者の保護者へのかかわり方も変わる。保育者と保護者との日ごろのかかわりが子どもの気になる姿の報告だけでは，保護者は受け止められず，関係を築くことはできない。保育者は保護者を通して家庭での様子を知り幼児理解を深めたり，保護者が安心して園に子どもを預けることができるよう園での様子を伝えたりすることが大切である。話しやすい人と楽しい話だけしていても，子どもの成長にはつながらない。保護者とかかわるすべてのことは子育ての支援であるという意識が常に必要である。

　また，自分の存在を社会のなかで認められたいと思っている保護者もいる。そういう保護者の存在が認められる場面を園等でつくることも子育ての支援となる。園の子どもの教育活動にかかわることで自分が役に立つ経験である。たとえば，絵本の読み聞かせをする，ピアノの伴奏をする，教材の準備や整理を手伝う。園内清掃や手芸，園芸で子どもたちの環境を整える。わが子のためと始めたことがわが子の友だちからも喜ばれる。そのことでわが子が得意な気持

ちになる。そういった活動は卒園後に小学校や地域での活動につながり，地域の人材として活躍する機会を自ら開拓していく場合もある。

② 自然とのかかわり

自然は，身の回りにたくさんあれば豊かな体験ができるのではない。豊かな自然が当たり前のようにあると，かえってその豊かさに気づかないこともある。たとえ都会のなかでも狭い園庭でも，子どもたちは自然にかかわることで小さな発見をする。自然とのかかわりは，保育者や保護者の意識や態度次第である。

自然はさまざまな側面をもつ。幼稚園教育要領などの「幼児期の終わりまでに育ってほしい姿」の「自然との関わり」には，次のように記載されている。

> 自然に触れて感動する体験を通して，自然の変化などを感じ取り，好奇心や探究心をもって考え言葉などで表現しながら，身近な事象への関心が高まるとともに，自然への愛情や畏敬の念をもつようになる。また，身近な動植物に心を動かされる中で，生命の不思議さや尊さに気付き，身近な動植物への接し方を考え，命あるものとしていたわり，大切にする気持ちをもって関わるようになる。

日本には四季がある。温暖化の影響で今までとは違ってきているとはいえ，それぞれ季節により植物の様子が変わり，虫などの誕生や成長過程をみることができる。空の雲や風，雨，雪，雷などの自然現象も子どもたちにとっては興味のわく変化である。それらの変化は，一人の発見，表現が友だちに広がり，園で共通体験することもある。子どもの発見，表現を受け止めたり認めたり広めたりする保育者の援助によって，子どもの心におもしろさや不思議さ，好奇心や探究心となる。計画的に動植物を飼育・栽培したり，虫や小鳥を呼ぶ環境を整備したりすることと，偶発的な自然の変化を柔軟に保育に取り入れていくことで，子どもと自然の出会いが生まれ，子どもの心が動く。

また自然は，命を感じる存在である。アリやダンゴ虫をたくさん集めおもちゃのように扱い死なせてしまう。その繰り返しのなかで次第に小さな虫にも命があることを感じ，愛着が芽生える。保護者のなかには自身の体験から，虫や小動物を怖いもの，汚いものと受け止める人がいる。その人個人の価値観は

それでよいが，そのために子どもが自然に触れる機会が阻害されたり，自ら触れる前に嫌なものと感じたりしていては，命を感じることはできない。学級や園で飼育している小動物は，保護者と離れて寂しい気持ちや友だちとケンカして不快な気持ちなどの自分の心を癒してくれる。自然のもつ重要な意味は，保護者の理解も必要なことである。子どもは触れたときの温もりや自分の思いどおりにならないことを感じ，次第に命あるものとしてかかわるようになる。

　さらに自然は，知的好奇心を満たしてくれる存在である。小動物や自然現象の変化に「なぜ？」「どうして？」と興味や関心をもち，追求したくなる。大人がかかわる際に気をつけたいことは，子どもがその自然に知的にかかわろうとしているかどうか確認することである。保護者はどうしても知識として「この虫の足は8本」「好きな食べ物は○○」などと伝えようとする。そのことを覚えると豊かになったように錯覚する。しかし，知識優先では自然からの「自分の思いどおりにならない命ある存在」というメッセージは受け取れなくなってしまう。自然にかかわる子どもの今の興味や関心はどこなのかという一人ひとりの思いを保護者に伝えるのも，保育者の重要な役割である。

（4）地域との連携

　地域のなかには，子どもたちにとって豊かな体験につながる物的，人的環境がたくさんある。しかし，あるだけでは子どもたちの生活や遊びと結びつかず，生かしきれなくなってしまう。また，その地域とかかわるには，園等だけでなく保護者の理解や協力が必要な場合もある。そのため，園等は地域と子どもたちを直接的・間接的につなげる役割も必要である。

　地域社会とのかかわりによって子どもたちに育まれるものは，「幼児期の終わりまでに育ってほしい姿」の「社会生活との関わり」にも書かれている。

　家族を大切にしようとする気持ちをもつとともに，地域の身近な人と触れ合う中で，人との様々な関わり方に気付き，相手の気持ちを考えて関わり，自分が役に立つ喜びを感じ，地域に親しみをもつようになる。また，幼稚園内外の様々な環境に関わる中で，遊びや生活に必要な情報を取り入れ，情報に基づき判断した

り，情報を伝え合ったり，活用したりするなど，情報を役立てながら活動するようになるとともに，公共の施設を大切に利用するなどして，社会とのつながりなどを意識するようになる。

① 高齢者・地域の人とのかかわり

核家族化と言われて久しいが，子どもたちは祖父母と同居することが少なく，地域での人とのかかわりも希薄になり，高齢者とかかわる機会が少なくなっている。自分の両親や自分自身が年をとることなど考えられない子どもたちは，皺のある手や笑顔に慣れておらず驚いてしまうこともある。今まで家族のために社会のためにがんばってきた高齢者に，敬意をもって相手のことを考えた言動でかかわることができるよう，高齢者とかかわる機会を意図的につくることが今は必要である。

　子どもは自分中心である。幼稚園等に入園し，同年齢の子どもたちとの遊びや生活を楽しみ，仲良く遊びたいけれど思いどおりにしたい葛藤のなかで自分なりに気持ちを調整して友だちとのかかわり方を学んでいく。しかし，高齢者は無償の愛である。もちろんいけないことも教えてもらえるが，かわいい存在として受け入れてくれる。高齢者施設を訪問し，歌や手遊びなどを披露すると，高齢者は必ず笑顔になる。微笑みながら涙を流す。その姿に「どうして泣いてるの？」と不思議に思う。みんながかわいくて，自分たちのために歌ったり手遊びしてもらえることが嬉しくて泣いていることを伝えると，嬉しいのに泣くということは理解できないとしても，自分を受け入れてもらえ，自分が他者の役に立っているということはわかる。

　前述の「社会生活との関わり」にあるように，地域の身近な人と触れ合うなかで，人とのさまざまなかかわり方に気づくことが子どもたちの学びなのである。相手の気持ちを考えて自分の言動にするというよりも，かかわることで相手である高齢者の気持ちを知る。園や家庭以外の場所である地域に，高齢者をはじめさまざまな人が住んでいると知ることは，地域に少しずつ親しみをもつことになる。近くに高齢者施設がない地域もある。特定の施設との交流を考え

るのではなく，園の近くに住むおばあちゃん，散歩に行くと公園で会うおじい
ちゃん，散歩の途中で偶然で会った地域の人など出会いはある。そのさまざま
な出会いで保育者がその人々とどのようにかかわるのかも，子どもたちにとっ
てはモデルである。さまざまな出会いをどのように生かし，地域とのかかわり
り・つながりが感じられるようにしていくのか，園内でも共通理解しておくこ
とが必要である。

②　文化・伝統とのかかわり

　地域で体験できることとして，その地域の文化や伝統がある。長年その地域
で培われ伝承されてきた有形・無形の文化財にふれ，子どもたちは自分の生ま
れた地域の歴史の深さ，文化の豊かさや大きさといった言葉ではないものを雰
囲気から気づき感じていく。その体験が，ゆくゆくはその文化を受け継ぐ気持
ちにつながるきっかけとなるかもしれない。

　また，そのような歴史的なものだけでなく，地域のお祭り，餅つき，図書館
や児童館，商店街などのイベントであっても，子どもたちにとっては園では味
わうことのできない体験ができる。楽しいことは再現したいのが子どもである。
たとえば，屋台のたこ焼きを見た子どもは，園でたこ焼きをしたいと思う。園
にあるさまざまな材料・用具を使い，たこ焼きをつくることを楽しむ子もいれ
ば，威勢のよかったたこ焼き屋のお兄さんに憧れてねじり鉢巻きで客を呼び込
むことを楽しむ子もいる。保育者は，地域での行事に敏感にアンテナを張り，
子どもたちの生活や遊びにつながりそうなものに対してその関係者に積極的に
働きかけ関係をつくる。自身も出向いて体験したり，子どもたちが遊びに再現
するにはどのような材料・用具を用意しておけばいいのか考えたりと，単に体
験の場の確保ではなく，何のために体験させたいのかの考えの下，体験した子
どもたちが園の生活や遊びにどのようにつなげるかをさまざま予想し，子ども
たちの興味や関心に合わせていかようにでも対応できる環境の準備が重要であ
る。

③　自然とのかかわり

　園外の自然環境も子どもたちの生活を豊かにする。園への行き帰りに見つけ

た虫を家庭で飼う，園に持っていってみんなで飼う。その虫の食べる植物を見つけたところで調べ，園でも用意しようとするなど，小さな自然を通して園と家庭，地域が結びつく。

　大きな体験としては，園外への散歩や遠足などがある。遠足にはさまざまなねらいがあるが，その1つに園にはない自然にふれることある。木の実や落ち葉を拾う，足の下の感触や音を楽しむ，収穫するなど，子どもたちの安全や発達に配慮しながら，何を経験させたいか，その体験が何につながるかという意図を園で共通にして園外での自然とかかわる機会を大切にしたい。

　とくに園外での活動は，心を揺さぶる体験として，製作や絵画，身体表現，言葉，音楽的表現などさまざまな表現活動につながる。しかし，遠足に行ったから絵を描く，ドングリを拾ったからみんなで楽器をつくるといった活動中心では，子どもたちの園外での活動はおもしろくないものになる。園に戻ってから，子どもたちは体験したことをどのように表現するだろうかと今日の姿を思い出しながら保育者がイメージをふくらませ，子どもたちが表現したくなるような環境の工夫が大切である。

④ 幼児教育のセンターとしての役割

　家庭との連携でも述べたが，園は地域の幼児教育のセンターとしての役割において子育ての支援が求められている。その支援の範囲は，在園児の保護者だけに限らない。とくに保育所の保育士に対しては，保育所保育指針の「第4章子育て支援　地域に開かれた子育て支援」のなかで「保育所は，その行う保育に支障がない限りにおいて，地域の実情や当該保育所の体制等を踏まえ，地域の保護者等に対して，保育所保育の専門性を生かした子育て支援を積極的に行うように努めること」と記載されている。

　保育士の第一の仕事は保育所にいる子どもの保育であり，その保護者への子育て支援である。そのことが滞ることなく保育所の人的配慮ができる場合は，地域の保護者にも手を差し延べようということである。保育所は，栄養士，調理師，看護師など，保育士とは違う職種の者がいる。それぞれの立場から，たとえば離乳食や偏食への対応，健康や発達の問題など地域の保護者の心配・不

安に寄り添うことができる。同じ場で子どもを一緒に見ながら子育ての専門家に安心して相談できる。幼稚園には保育所のような多様な職種の専門職はいないが，保育の専門家としての日々の保育での実践経験からのアドバイスは，保護者にとってより具体的で身近に感じる。

　園での子育ての支援として，地域への施設開放がある。各園では保育に支障にない時間・場を地域の未就園児親子が自由に使えるようにしている。今は在園していなくても，ゆくゆくは在園することになる親子かもしれない。在園児とこれからかかわる親子かもしれない。何より，地域の子どもである。在園児にとっても，未就園児の存在は自分より幼くかわいいし，ときには勝手なことをするのをみて，自分の成長を感じることができる存在でもある。

　また，園等が主導の施設開放のほかに，地域の人たちや行政が行おうとしている子育て事業に場を提供することもある。それは，地域の人材活用ということで，地域の高齢者・子育て経験者が自分を求められて役に立つ経験ができる場となる。人材確保のために，在園児の保護者に声をかけることがある。

　たとえば，地域には高齢者に未就園児親子に対応している民生委員の人がいる。孤立している家庭に声をかけ，子育ての支援を考えても，各家庭に入り込むのはむずかしい。しかし，近くの園で展開する子育ての支援活動は，未就園児親子にとっても行きやすい場である。食事のこと，運動的な遊び，絵本や紙芝居の読み聞かせなど，地域や園の専門家である栄養士，看護師，図書館職員，児童館職員など，地域の人材に声をかけ企画された子育ての支援によって，地域には頼りになる人がいるかを知り，保護者も自分の友だちをつくる機会になる。在園児の保護者も子育ての先輩として自分の経験からアドバイスする。未就園児の保護者のなかには，親子で遊び安心できる雰囲気のなかだからこそ打ち明けられる相談もある。答えがほしいのではなく，ただただ気持ちを受け止めてもらいたい人もいる。自らほかの活動に参加してみようという前向きな気持ちにつながることもある。保護者への子育ての支援で大切なことは，何かをしてあげる，できるように指示することではない。保護者が安心してわが子に向き合えるようにすること。そして，自分で考え判断してわが子の成長につな

がるかかわりをしようとし，子どもの成長が実感できるようにすることである。地域の人にとっても，誰かの役に立つ喜び，子どもの成長を共感できる喜びを味わうことができる。

　また，地域には，特別な配慮を必要とする親子，たとえば子どもに障がいがある，障がいかもしれないと不安をかかえている保護者がいる。日本国籍であっても成育歴のなかで日本語や日本の生活に不慣れな親子などもいる。そのような姿を自治体の関係諸機関につなぐことも，センターとしての役割である。障がいの早期発見ができれば療育も早くに始まる。児童虐待にならないうちに，保護者の気持ちを受け止めることもできるかもしれない。

　このように園が親子を地域につなげる役割を果たすことは，地域の幼児教育のセンター的な役割である。園内の職員が自分たちの専門性を生かし地域の人とかかわる姿は，園内に協働性を育み，園内の教育・保育の質の向上にもつながるはずである。

参考・引用文献
文部科学省（2015）「新しい時代の教育や地方創生の実現に向けた学校と地域の連携・協働の在り方と今後の推進方策について」中央教育審議会答申
文部科学省（2017）「幼稚園教育要領」5-8頁
文部科学省（2017）「保育所保育指針」37頁
文部科学省（2020）「2020年度コミュニティ・スクール及び地域学校協働活動実施状況調査について（概要）」文部科学省ウェブサイト

本章の課題

1．コミュニティ・スクールにおける地域と学校の連携について，具体的な取り組みの例を調べてみましょう。
2．自分の住んでいる地域や学校のある地域で行われている「子育ての支援活動」にはどのようなものがあるか，調べてみましょう。

第11章
幼児教育・保育制度改革の動向

　幼児教育・保育の制度は，子どもが幼児教育・保育を受けられる仕組みと，子どもを育てる親に対する子育て支援からの仕組みの両輪から成り立っているともいえます。子どもには質の高い幼児教育・保育を，そして，親には手厚い子育て支援ができるよう，長い時間をかけて施策を行ってきていますが，日本は複雑な行政の下に行われていることもあって，非常に理解しにくいことも事実です。

　本章では，親が子育てをする際に受けられる制度としての「子ども・子育て支援制度」と「幼児教育の無償化」を，子どもが幼児教育・保育を受けたあと，義務教育である小学校への接続として大切な働きである「保幼小連携」について理解を深めます。

1．子ども・子育て支援新制度
（1）子ども・子育て支援新制度とは

　現在，子どもが生まれてきてから義務教育である小学校に入学するまでに受けられる制度に，子ども・子育て支援制度というものがある。これは，「子ども・子育て支援法」「就学前の子どもに関する教育，保育等の総合的な提供の推進に関する法律の一部を改正する法律」「子ども・子育て支援法及び就学前の子どもに関する教育，保育等の総合的な提供の推進に関する法律の一部を改正する法律の施行に伴う関係法律の整備等に関する法律」の3つの法律を主にさしており，2012年に成立した。これらは，通称「子ども・子育て関連3法」とも呼ばれている。この「子ども・子育て関連3法」の趣旨は，「保護者が子

育てについての第一義的責任を有するという基本的確認の下に，幼児期の学校教育・保育，地域の子ども・子育て支援を総合的に推進[1]」することにある。基本的なポイントとして，次の内容があげられる（内閣府・文部科学省・厚生労働省，2013）。

【子ども・子育て関連３法の基本的なポイント】
○認定こども園，幼稚園，保育所を通じた共通の給付（「施設型給付」）及び小規模保育等への給付（「地域型保育給付」）の創設
　＊地域型保育給付は，都市部における待機児童解消とともに，子どもの数が減少傾向にある地域における保育機能の確保に対応
○認定こども園制度の改善（幼保連携型認定こども園の改善等）
　・幼保連携型認定こども園について，認可・指導監督の一本化，学校及び児童福祉施設としての法的位置づけ
　・既存の幼稚園及び保育所からの移行は義務づけず，政策的に促進
　・幼保連携型認定こども園の設置主体は，国，自治体，学校法人，社会福祉法人のみ（株式会社の参入は不可）
　・認定こども園の財政措置を「施設型給付」に一本化
○地域の実情に応じた子ども・子育て支援（利用者支援，地域子育て支援拠点，放課後児童クラブなどの「地域子ども・子育て支援事業」）の充実

　ポイントの１点目は，施設における給付によるものである。ここでの「施設型給付」については，次の項にある幼児教育の無償化での具体的な内容につながるものである。２点目は，認定こども園制度の改善である（第３章３節参照）。この制度によって，認定こども園は，幼保連携型認定こども園として単一の施設となった。文部科学省と厚生労働省との共管であるが，制度全体は内閣府が所管する。それまで文部科学省と厚生労働省で分割されていた制度を取りまとめた形になった。３点目は，地域子ども・子育て支援事業の充実である。各施設における延長保育や一時預かり，病児・病後児保育，小学校での放課後児童クラブへの支援である。これらは，地域の実情に合わせて市町村が行う。

（２）少子化対策の流れと子ども・子育て支援に係る制度

　子ども・子育て支援新制度が実施されるまでに，これまで長い時間をかけて

少子化対策に取り組んできた経緯がある。しかしながら，30 年近い時間を経過した現在もなかなか解消されない課題は多いといえる。子ども・子育て支援に係る制度には，この少子化対策の取り組みと未来の社会を担う子どもたちを育てるという取り組みの大きな 2 つの流れがあることが図 11-1 からもみてとれる。少子化対策のなかに待機児童解消の施策もあるが，解消につながらない要因として，近藤幹生は「『最小のコストで最良最大のサービスを』（2001 年 7月 6 日閣議決定）という考え方，つまり少子化対策の本質が，規制緩和策という面を持つからだ」と述べている[2]。その後 2019 年に，後述する「幼児教育・保育の無償化」が始まったことによって，今後の経過が期待されるところである。

　少子化対策の施策から子ども・子育て支援への取り組みへとつながってきたが，子ども・子育て支援新制度のなかに幼保連携型認定こども園が単一の施設として創設されている。認定こども園が創設された背景について，子ども・子育て関連 3 法にたずさわった小田豊は，2005 年に中央教育審議会が「子供を取り巻く環境の変化を踏まえた今後の幼児教育の在り方について」を答申した内容にふれ，「認定こども園誕生の背景は，乳幼児期の子どもの社会力，人間力の低下であり，それが近年の少子化や男女共同参画社会への移行によって引き起こされた事実」としたうえで，「OECD（経済協力開発機構）の教育問題委員会が『世界の教育改革 2000』のなかで『幼年期に質の高い教育を用意することは生涯学習の基盤を形成することである，質の高い就学前教育及び保育環境で育った子どもはすぐれた思考力や問題解決能力を発達させる』と，初めて乳幼児教育にかかわる提言を各国にした発信したのです。これが，今回の認定こども園を誕生の背景にあることを読み取る必要があります」とし，そして，その根拠が「先進国の中で日本だけが，同一年齢の幼児が学校教育法と児童福祉法とに分かれて在籍し，教育と保育が複線化していることで，質がしっかりと保たれているか否かが恒常的に問われてきた」ことをあげている（小田，2016：70-71 頁）。これからの社会を担う子どもたちの育ち，つまり次世代育成に関連していることが重要な点であることを指摘している。先進国のなかで

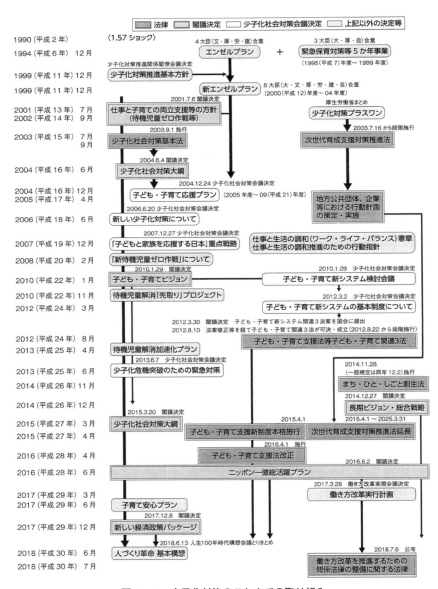

図 11-1　少子化対策のこれまでの取り組み

出典：内閣府（2019）

は，これらの視点は定着しつつあり，日本の制度改革もこれらの内容をふまえ
ることが求められている。

2．幼児教育・保育の無償化
（1）幼児教育・保育の無償化を実施する理由

　幼児教育・保育の無償化は，2019 年 5 月に改正子ども・子育て支援法が閣
議決定され，同年 10 月から実施されている。無償化を実施する理由として，
「子育て世代を応援し，社会保障を全世代型へ抜本的に変えるため，幼児教育
の無償化を前倒しで行う[3]」こととしている。これまでは高齢者を中心に
行ってきた社会保障を，生まれたばかりの乳児から行うことにより，少子高齢
化が急速に進む状況に少しでも歯止めをかけたいということでもある。子ども
をもつ夫婦を対象にしたアンケートでは，理想の子どもの数をもたない理由に
ついて，「子育てと教育にお金がかかりすぎる」という内容が最も多くあり，
少子化の一因ともみられている。また，幼児教育・保育の無償化は，生涯にわ
たる人格形成の基礎を培う幼児教育の重要性や，幼児教育の負担軽減を図る少
子化対策の観点などから取り組むものとしている。

　日本では，2019 年に 3 ～ 5 歳までの幼児を対象に実施されたが，海外に目

表 11- 1　各国の無償化の取り組み

国　　名	取り組みの内容
イギリス	2004 年までにすべての 3 ～ 4 歳児（※ 5 歳児から義務教育）に対する幼児教育の無償化（週 12.5 時間，年 33 週分）をし，2010 年には無償化の対象時間を拡大（週 15 時間，年 38 週分）。2014 年に低所得世帯の 2 歳児も無償化。
フランス	3 ～ 5 歳児を対象とした幼稚園は 99％が公立であり，無償。
韓　　国	2012 年に 3 ～ 5 歳児に対する幼児教育の無償化の方針を法定。2013 年に公立については無償化を達成。私立については支援規模を段階的に拡大している。
スウェーデン	3 ～ 5 歳児を対象に無償。
日　　本	2019 年から 3 ～ 5 歳児を対象に無償化

出典：文部科学省（2018）より筆者作成

を向けると，早くから幼児教育・保育の無償化の取り組みは進められている。欧州を中心に進められ，身近な国では，韓国が日本より一歩進めて取り組みを行っている（表11-1）。

（2）これまでの幼児教育・保育における段階的な無償化の取り組み

　海外では先立って行われていたが，日本においては2008年ごろから無償化についての検討が始められた[4]。その後，無償化にする対象を少しずつ広げながら段階的に進められ，低所得の家庭や，少子化をふまえ，兄弟の第2子，第3子以降への負担軽減や無償などの軽減措置を行ってきている。表11-2をみてみると，幼稚園の保育料の軽減措置から始まっているが，保育所は世帯収入や子どもの年齢・数などに応じて保育料の上限を設定してきたことによるこ

表11-2　段階的無償化の取り組み

各年度予算措置	負担軽減の内容
2014年度	**幼稚園の保育料について** ・生活保護世帯の保育料6,600円を無償化 ・第2子は半額，第3子以降は無償とし，軽減措置の所得制限（年収680万円まで）を撤廃
2015年度	**幼稚園の保育料について** ・市町村民税非課税世帯（年収約270万まで）の保育料，9,100円から3,000円に引き下げ
2016年度	**年収360万円未満相当の世帯の幼稚園・保育所等の保育料について** ・兄弟の年齢に関わらず，第2子は半額，第3子以降は無償 ・ひとり親世帯においては，第1子は半額，第2子以降は無償
2017年度	**市町村民税非課税世帯の幼稚園・保育所等の保育料について** ・第2子完全無償化 **年収360万円未満相当の世帯の幼稚園・保育所等の保育料について** ①ひとり親世帯等の保護者負担の軽減措置の拡充 ②①以外の世帯において，1号認定子どもの負担軽減
2018年度	**幼稚園等の保育料について** ・1号認定の子どものうち，年収約360万円未満相当世帯の第1子及び第2子の負担軽減

出典：内閣府（2018）より筆者作成

とからである（応能負担）。

（3）無償化の具体的な内容

　幼稚園，保育所，認定こども園等を利用する３～５歳のすべての子どもたちの利用料を無償としている。しかし，無償化の内容は，対象施設などにより金額が異なるなど複雑さももち合わせている。以下，対象施設ごとに無償化の中心となる内容をみていく（内閣府，2018；筆者抜粋）。

　① 幼稚園，保育所，認定こども園を利用する子どもたち

【対象者・利用料】
○幼稚園，保育所，認定こども園等を利用する<u>３歳から５歳の全ての子ども達の利用料を無償化。</u>
＊子ども・子育て支援新制度の対象とならない幼稚園の利用料については，同制度における利用者負担額を上限として無償化（上限月額2.57万円）
＊実費として徴収されている費用（通園送迎費，食材料費，行事など）は，無償化の対象外。
＊幼稚園（４時間程度）については満３歳（３歳になった日）から，保育所については３歳児クラス（３歳になった後の最初の４月以降）から無償化。
○<u>０歳から２歳児の子ども達の利用料については，住民非課税世帯を対象として</u>無償化。
【対象施設】
　・幼稚園，保育所，認定こども園に加え，地域型保育（小規模保育，家庭的保育，居宅訪問型保育，事業所内保育），企業主導型保育事業，（標準的な利用料）も同様に無償化の対象になる。

　上記は，３～５歳までのすべての子どもたちの利用料を無償化とする主な内容である。幼稚園については，子ども・子育て支援新制度の対象になる園，新制度の対象にならない園（私学助成を受ける園）の２つに分かれる。新制度の対象にならない幼稚園の利用料については同制度における利用者負担額を上限として無償化（上限月額2.57万円）になる。また，実費として徴収されている費用については，通園送迎費とは主にバス通園費用や，食料材料費とは昼食などに充てる費用，行事費とは遠足や宿泊保育などがあげられる。

無償化の対象となる開始時期については，施設によって異なる。幼稚園の4時間とは，教育課程における1日の教育時間（認定こども園も同様）をさしており，いわゆる預かり保育の時間については，教育時間とは別に設けられている。

② 幼稚園の預かり保育を利用する子どもたち

【対象者・利用料】
○幼稚園の預かり保育を利用する子ども達については，<u>新たに保育の必要性があると認定を受けた場合</u>には，幼稚園保育料の無償化（上限月額2.57万円）に加え，利用実態に応じて，<u>認可保育所における保育料の全国平均額（月額3.7万円）と幼稚園保育料の無償化の上限額との差額である最大月1.13万円までの範囲で預かり保育の利用を無償化。</u>
＊認定こども園における子ども・子育て支援新制度の1号認定の子ども達が利用する預かり保育も含む。

幼稚園の預かり保育とは，教育課程における1日の教育時間，朝，登園してから降園するまでの4時間程度以降の時間をさしている。ほとんどの私立幼稚園では，この教育活動を行っている。無償となる金額については，認可保育所（私立保育所）の全国平均額として算出された保育料との整合性を取っているが，地域差もあると考えられる。上限を超えた額については，実費徴収となる。

③ 認可外保育施設等を利用する子どもたち

【対象者・利用料】
○認可外保育施設等を利用する子ども達についても，保育の必要性があると認定された3歳から5歳の子ども達を対象として，<u>認可保育所における保育料の全国区平均額（月額3.7万円）までの利用料を無償化。</u>
○0～2歳児の子ども達については，住民税非課税世帯の子ども達を対象として，<u>月額4.2万円までの利用料を無償化。</u>
【対象施設・サービス】
○認可外保育施設とは，一般的な認可外保育施設，地方自治体独自の認証保育施設，ベビーホテル，ベビーシッター，認可外の事業所内保育等を指す。このほか，子ども・子育て支援法に基づく一時預かり事業，病児保育事業及びファミリー・サポート・センター事業が対象。

> ○無償化の対象となる認可外保育施設等は，都道府県に届け出を行い，国が定める認可外保育施設の指導監督基準を満たすことが必要。ただし，経過措置として，指導監督基準を満たしていない場合でも無償化の対象とする 5 年間の猶予期間を設ける。

　認可外保育施設と一括りになっているが，施設は幅広くある。3〜5歳のすべての子どもを対象としていることから，対象となる子どもがさまざまな施設を利用していることも，この制度によってみえてきたことでもある。②の幼稚園の預かり保育における無償化と同様に，認可外保育施設も認可保育所の保育料の全国平均額との整合性をとっている。経過措置として，指導監督基準を満たしていない場合でも無償化の対象とする猶予期間が設けられているが，保育の質の低下について懸念されている。

　④　いわゆる「障害児通園施設」を利用する子どもたち

> 【対象者・利用料】
> ○就学前の障害児の発達支援（いわゆる障害児通園施設）を利用する子ども達について，利用料を無償化。
> ＊3歳から5歳が対象（なお，0歳から2歳児の住民税非課税世帯については，既に無償となっている）。
> ○幼稚園，保育所，認定こども園といわゆる障害児通園施設の両方を利用する場合は，両方とも無償化の対象。

　障害児通園施設を利用している子どもを対象にしている無償化については，障がいの種類や重さなどによって，障がいのある子どもの生活と発達支援を保障できるような内容としている。上記①〜④の内容をまとめると図 11-2 のようになる。

幼児教育・保育の無償化の主な例

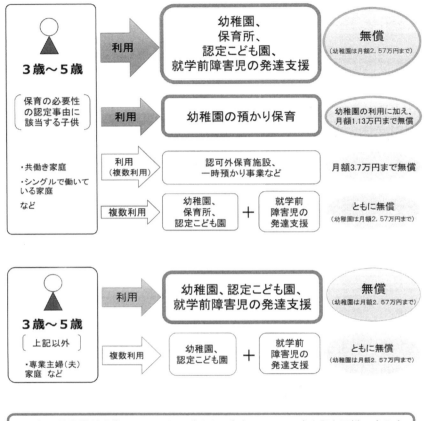

※ 住民税非課税世帯については、0歳から2歳までについても上記と同様の考え方
により無償化の対象となる(認可外保育施設の場合、月額4.2万円まで無償)。

(注1)幼稚園の預かり保育や認可外保育施設を利用している場合、無償化の対象となるためには、お
住いの市町村から「保育の必要性の認定」を受けることが必要。

(注2)認可外保育施設については、都道府県等に届出を行い、国が定める基準を満たすことが必要。
ただし、基準を満たしていない場合でも無償化の対象とする5年間の猶予期間を設ける。

(注3)例に記載はないが、地域型保育も対象。また、企業主導型保育事業(標準的な利用料)も対象。

図 11-2　無償化の対象者と対象となる利用料

出典:内閣府「幼児教育・保育の無償化の主な例」[5]

3．保幼小の連携

（1）保幼小の連携はなぜ必要か

　幼児教育は，環境を通して行うことを基本としている。幼児の自主的な活動である遊びが幼児の成長に重要な学習であるとしている幼児教育と，教科等で系統的な学習を中心とする小学校教育とでは，教育内容や指導方法は当然違う。しかし，子どもたちの健やかな成長のため，教育内容や指導方法の違いを発達による違いと理解し互いを認め，幼児教育から小学校教育へ子どもの発達と学びをつなげていくことが求められている。

　小学校入学後の1年生について，集団行動がとれない，座って担任の話を聞いたり勉強に取り組んだりできない姿が「学級崩壊」「小一プロブレム」として問題になった。幼児教育で遊びを中心とした生活が原因の1つと誤解されたこともあった。幼稚園・保育所の子どもたちは，小学校は今までの生活と違うことは知っている。その違いは自分たちが大きくなったから始まる生活であると受け止め，なじんでいこうとする。しかしなかには，どのように生活したらよいのかわからず，不安・負担となってしまう子どももいる。子ども一人ひとりが新しい世界に興味をもち，積極的にかかわり自分の力を発揮できるようにするため，小学校と幼稚園・保育所が互いの教育の理解を深める方策として「連携」が取り上げられるようになったのである。

（2）連携とは

　連携とは，簡単にいうと「仲良くなること」である。子ども同士，大人同士が，または児童と園の教職員が，園児と小学校の教職員が仲良くなる。仲良くなって，相手を知り理解することである。理解は積み重ねによって深まるので，一度きりの活動で終わらないためには，互恵性（互いのメリット）と活動の目的を明確にして取り組むことが大切である。

　保幼小の連携には，次のようなメリットが考えられる。

【園児にとって】

・不安な気持ちが減少する。

　入学する前に小学校の場，環境を知る。小学校の先生は怖くないと感じる。

　小学校の児童や先生みんなが自分たちを待っていてくれることを知る。

　小学校の授業は国語や算数といった勉強だけでないことを知る。

・小学生になったような気分を味わえることもある。

・自分にやさしい児童に親しみを感じたり，テキパキと活動を進行する児童に憧れを抱いたりする。

【児童にとって】

・自分より幼い園児とかかわることで，相手へのかかわり方や自己発揮の仕方を学ぶ機会となる。

・いつもと違う活動のなかで，自分で考えた言動を出し，認められることで成長を感じる。自信につながる。

【幼稚園・保育所の教職員にとって】

・自分の保育を，園児の姿から振り返ることができる。

・児童，とくに卒園児の姿から自分の保育とのつながりを振り返り，成長の連続性・見通しをもった保育を意識するようになる。

・小学校の授業（とくに生活科）の内容や小学校教員の指導を知ることができる。

【小学校の教職員にとって】

・入学してくる子どもの姿を自分の目で確認することができる。

・園児へのかかわりをみて，児童の新たな一面に気づくことができる。

・幼稚園・保育所の教職員の園児へのかかわりをみて，児童への指導の参考にすることができる。

・「一年生は何もできないから教えよう。世話しよう」という認識が変わる。

　このようなメリットを実感するために大切なことは，話し合いである。事前の打ち合わせと，事後の子どもの姿や活動そのものの反省・評価・改善である。とくに，子どもの言動から思いを読み取り，援助や指導を振り返ることで相互理解を深め教育の連続性を意識していくことは，子どもの育ちにつながる。

　そして幼稚園と保育所は，横のつながりとしての連携・交流も重要である。園児同士，同じ地域に住む同い年の子どもであるが，生活時間が違うため，また今は安全上の配慮から，近くに住んでいても公園などで一緒に遊ぶことは少なくなっている。

幼保の交流によるメリットには，次のようなメリットが考えられる。

【幼児】
・入学前に顔見知りになることで，小学校での出会いに安心感が生まれる。
・幼稚園児は，園にはいない3歳児未満児とかかわることができる。言葉では通じない小さい子にやさしくかかわる体験をし，自分の成長を感じることができる。
・保育所の子どもたちは，幼稚園の園庭の固定遊具やホールでの大型遊具など，保育所では3歳未満児がいることで整備することのできない環境にふれ，友だちと一緒にかかわることができる。
【教職員】
・幼稚園，保育所それぞれの生活を生かした保育の展開・配慮事項を学び，自分の保育を振り返ったり取り入れたりと，交流が研修の場ともなる。

（3）幼稚園教育要領の変遷と小学校教育

　1956年に文部省より「幼稚園教育要領」が編集・刊行されたが，小学校教育との関係は，幼稚園教育の基本「環境を通して行うこと」が明記された1989年の改訂において，連携・接続について示されるようになった。幼稚園教育要領解説の前身といえる『幼稚園教育指導書 増補版』の「第4章 指導計画　第5節 小学校との連携」では，①小学校教育の教科と幼稚園教育の領域の違い，②幼稚園教育要領に則り幼児期にふさわしい教育を十分に行うことが小学校教育との接続を図るうえで大切であること，③互いの教育の独自性と連続性について積極的に相互理解することが書かれている。

　そして，1998年に改訂された幼稚園教育要領において，「第3章 指導計画作成上の留意事項　1　一般的な留意事項」として次のことが記載された。

（8）幼稚園においては，幼稚園教育が，小学校以降の生活や学習の基盤の育成につながることに配慮し，幼児期にふさわしい生活を通して，創造的な思考や主体的な生活態度などの基礎を培うようにすること。

　2008年の改訂では上記1に加えて，「2　特に留意する事項」として以下に

示すように「円滑な接続」という言葉が初めて記載され，接続に向けての「連携」が求められることとなった。

> （5）幼稚園教育と小学校教育との円滑な接続のため，幼児と児童の交流の機会を設けたり，小学校の教師との意見交換や合同の研究の機会を設けたりするなど，連携を図るようにすること。

（4）保育所保育指針の変遷と小学校教育

保育所においても，厚生労働大臣による告示となって3度目の改定である保育所保育指針には，「第3章　保育の内容　2　保育の実施上の配慮事項」で小学校との連携について下記のとおり明記されている。

> **（一）保育に関わる全般的な配慮事項　エ　小学校との連携**
> （ア）子どもの生活や発達の連続性を踏まえ，保育の内容の工夫を図るとともに，就学に向けて，保育所の子どもと小学校の児童との交流，職員同士の交流，情報共有や相互理解など小学校との積極的な連携を図るよう配慮すること。
> （イ）子どもに関する情報共有に関して，保育所に入所している子どもの就学に際し，市町村の支援の下に，子どもの育ちを支えるための資料が保育所から小学校へ送付されるようにすること。

幼稚園教育要領に則り行われている幼稚園教育と保育所保育指針による保育所保育とは，以前は内容が違っていたこともあり，幼保・公私とさまざまな就学前教育・保育施設から1年生を受け入れる小学校側のたいへんさゆえ，小学校生活への適応教育もやむなしという声もあった。

しかし，2017年の幼稚園教育要領・保育所保育指針・幼保連携型認定こども園教育・保育要領の同時改訂（定）では，3歳児以上の教育のねらい，内容は同じになり，どの就学前教育・保育施設の子どもであっても，要領・指針に則った同じ内容を教育・保育を受けて入学することになった。さまざまな就学前教育・保育施設が乱立するなか，今回の同時改訂（定）でめざしているものは，教育・保育の質を保証すること，そして，幼児期の学びを小学校教育につ

なげることなのである。

　保育指針が告示となり法的拘束力を伴うようになったことで，保育所から小学校に送る保育所児童保育要録も保育所保育指針に明記されるようになった。後述するが，今回の改訂で新しく示された「幼児期の終わりまでに育ってほしい姿」を関連づけた子どもの育ちの連続性を意識した資料作成は，幼稚園とともに今後も工夫が必要となる。

（5）連携から接続へ
① 接続の必要性

　幼稚園等と小学校の連携が広がったことを受け，次の課題は幼児教育と小学校教育の教育内容の接続となった。前述したように，2017年に幼稚園教育要領，保育所保育指針，幼保連携型認定こども園教育・保育要領は同時改訂（定）され，3歳児以上の5領域のねらいと内容が同じになった。要領・指針に則った教育・保育をふまえての小学校教育の展開であることが求められている。

　幼児教育の基本である「環境を通して行う」教育は，無自覚的な学びといわれる。今，自分が学んでいるという意識のないなかで，幼児は自発的な活動としての遊びを中心とした生活を通して自ら環境にかかわり体験し，そのなかで"もの・ひと・こと"を総合的に知っていく。自分中心の偏った理解の場合もあるが，実体験からの学びである。いっぽう小学校教育は，教科を中心とした自覚的な学びである。この時間は何を学ぶのかを理解し，知識やスキルを獲得し，活用したり構造化したりする授業である。そして子どもたちは，小学生になれば自覚的な学びができるようになるのではない。まだまだ個人差も著しい時期である。

　幼稚園等から小学校へ入学する際，次の3つの段差があるという。

生活の段差…遊び中心のチャイムのない生活から，時間割による生活へ
指導の段差…環境にかかわるなかでの援助から，授業時間のなかでの指導へ

> 学びの段差…子どもの周囲の環境すべてが学びを生む生活から，教科書を通して
> の学びへ

　この変化・段差を，自分の成長として捉え対応していける子どももいるが，負担に感じる子どももいる。「円滑な接続」とは，子どもたち一人ひとりが小学校生活に慣れていくために小学校での生活の仕方を教え覚えさせる「適応教育」でなく，安心して自己発揮できる環境を整え，そのなかで学ぶ楽しさ，自己発揮・自己実現の充実感が味わえるような接続期の教育としての配慮が必要である。それが，スタートカリキュラムである。2008年の「小学校指導要領解説 生活編」のなかに円滑な接続を目的としたカリキュラムの編成の工夫として示されたものである。幼児教育における生活や遊びを通した学びと育ちを基盤として，主体的に自己を発揮しながら学びに向かうことが可能となるようにするスタートカリキュラムの充実が求められている。

　② 保幼小の接続をめざして

　今回の改訂において，とくに教育の接続のため新たに幼稚園教育要領等に示されたものに「幼児期に終わりまでに育ってほしい姿」がある。これは，遊びを中心とした園生活での子どもたちの育ちがわかりにくいといわれてきたことに対して，子どもの育ち，遊びのなかで体験している学びを可視化したものである。

　今回の改訂では，幼児教育から義務教育が終わるまでの子どもたちの育ちを貫く縦軸として「資質・能力」という考え方が出された。幼児教育では，生きる力の基礎を育むため，資質・能力を一体的に育むよう努めるものとして，次の3つが掲げられた。

> （1）豊かな体験を通じて，感じたり，気付いたり，分かったり，できるように
> 　　なったりする「知識及び技能の基礎」
> （2）気付いたことや，できるようになったことなどを使い，考えたり，試した
> 　　り，工夫したり，表現したりする「思考力，判断力，表現力等の基礎」
> （3）心情，意欲，態度が育つ中で，よりよい生活を営もうとする「学びに向か
> 　　う力，人間性等」

　変化の激しいこれからの社会を生き抜いていく力を子どもたちに育むには，その学校種だけでは完結できない。幼児期は幼児期にふさわしい教育を行うなかで，子どもたちが大人になったときを見通しつつ，今育むべきことを明確にするという，社会に開かれた教育課程の考え方が求められている。

　そして，幼児教育において育まれる資質・能力の具体的な姿として示されたものが「幼児期の終わりまでに育ってほしい姿」である。子どもの育ちの連続性を理解するための重要な視点である。これは，保幼小の交流・研修会などで，目の前の子どもの姿を理解するための視点となる。しかし，それは同時に，幼児教育にたずさわる者が自分の保育を振り返る視点でもある。5領域のねらいや内容に基づく教育活動を総合的に行い適切にかかわることで幼稚園修了前にみられるこれらの姿を視点にし，自分の保育に偏りはないか，一人ひとりの育ちを的確に把握できているか振り返り改善することができる。つまり「幼児期の終わりまでに育ってほしい姿」の視点を生かして PDCA（計画・実践・反省・評価・改善）サイクルを活用した振り返りをすることで，保育の質は高まる。小学校教育との接続について話し合う視点であるということは，幼稚園等においてしっかり育てて次の段階にバトンタッチするという意味でもある。

> 【幼児期の終わりまでに育ってほしい姿】
> （1）健康な心と体（2）自立心（3）協同性（4）道徳性・規範意識の芽生え（5）社会生活とのかかわり（6）思考力の芽生え（7）自然とのかかわり・生命尊重　（8）数量や図形，標識や文字などへの関心・感覚（9）言葉による伝え合い　（10）豊かな感性と表現

　また，「幼児期の終わりまでに育ってほしい姿」は，到達目標ではなく子どもの育ち方向性を示している。幼児期の教育の理解を促すために示された姿ではあるが，可視化した内容とはいえ，教育内容や指導方法・評価の違う小学校教員には理解しにくい。子どもたちの成長の方向性を示しているこの姿を到達目標として理解してしまいがちな小学校教員に対しては，具体的な子どもたちの姿を一緒に見ながら文章と姿を結びつける働きかけは必要である。この姿を

視点として小学校教員の理解を促そうと自分の言葉で説明することで，幼児教育にたずさわる者や園の質の向上も図ることができる。

　今回の改訂で小学校の接続に関して幼稚園教育要領等に新たに加わった内容は，次のことである。

第1章 総則　第3 教育課程の役割と編成等
　5 小学校教育との接続に当たっての留意事項
（2）幼稚園教育において育まれた資質・能力を踏まえ，小学校教育が円滑に行われるよう，小学校の教師との意見交換や合同の研究の機会などを設け，「幼児期の終わりまでに育ってほしい姿」を共有するなど連携を図り，幼稚園教育と小学校教育との円滑な接続を図るよう努めるものとする。

　また，今回改訂された幼稚園教育要領と小学校学習指導要領の該当部分を比較してみると，いかに国が接続に関して力を入れているかがわかる。小学校学習指導要領の総則にも，次のような記載がある。

小学校学習指導要領　第1章 総則　第2 教育課程の編成
　4　学校段階等間の接続
教育課程の編成に当たっては，次の事項に配慮しながら，学校段階等間の接続を図るものとする。
（1）幼児期の終わりまでに育ってほしい姿を踏まえた指導を工夫することにより，幼稚園教育要領等に基づく幼児期の教育を通して育まれた資質・能力を踏まえて教育活動を実施し，児童が主体的に自己を発揮しながら学びに向かうことが可能となるようにすること。
　　また，低学年における教育全体において，例えば生活科において育成する自立し生活を豊かにしていくための資質・能力が，他教科等の学習においても生かされるようにするなど，教科等間の関連を積極的に図り，幼児期の教育及び中学年以降の教育との円滑な接続が図られるよう工夫すること。特に，小学校入学当初においては，幼児期において自発的な活動としての遊びを通して育まれてきたことが，各教科等における学習に円滑に接続されるよう，生活科を中心に，合科的・関連的な指導や弾力的な時間割の設定など，指導の工夫や指導計画の作成を行うこと。

　そして，第2章の各教科のなかで，国語・算数・音楽・図画工作・体育・特

別活動については，指導計画の作成と内容の取扱いとして，まったく同じ文章が記載されている。

第2章　各教科　第3　指導計画の作成と内容の取扱い
1　指導計画の作成に当たっては，次の事項に配慮するものとする。
（7）低学年においては，第1章総則の第2の4の（1）を踏まえ，他教科等との関連を積極的に図り，指導の効果を高めるようにするとともに，幼稚園教育要領等に示す幼児期の終わりまでに育ってほしい姿との関連を考慮すること。特に，小学校入学当初においては，生活科を中心とした合科的・関連的な指導や，弾力的な時間割の設定を行うなどの工夫をすること。

小学校の各教科にこのように幼児教育とのつながりが記載されたのは初めてのことである。

今後の課題としては，この保幼小の教育内容の接続に関しては，各校・地域によって温度差があるということである。今までの経緯から，すぐに接続が実現できないところもある。接続以前の交流もまだ十分に行えていない園もある。園内・校内でも，担当学年のすることとして，園や小学校全体の意識にまでなっていないところもある。園や小学校任せにせず，教育委員会等の行政が子どもにとっての連携や接続の必要性の理解を促し，人と人がかかわるきっかけづくり，出会いの場面を設定するなどの措置も重要となる。

また，保幼小それぞれの保護者に対しても，連携や接続の意図を子どもの成長につながるものとして説明し，活動時の子どもたちの姿を伝え，理解を促すことも，連携や接続を進めるバックアップとなる。保護者の理解とわが子の成長の実感が言葉となって小学校や地域に伝わるようになれば，それはその幼稚園・保育所の信頼となる。

そして，幼稚園等は行政や小学校からの声かけを待つだけでなく，自分たちの園を開き，保育を子どもたちの姿を見てもらえるようにしつつ，小学校教育の前倒しではない，幼児期にふさわしい生活・教育の充実に努めることが求められる。小学校側も，小学校教育が学校教育のスタートではなく，幼児教育で育まれているものを引き継ぎ伸ばしていくという意識をもって教育を推進する

ことが重要である。

参考・引用文献

小田豊（2014）『幼保一体化の変遷』北大路書房，70-71頁

厚生労働省（2008）「保育所保育指針」第3章保育の内容　2　保育の実施上の配慮事項に　小学校との連携

内閣府（2019）『令和元年版　少子化社会対策白書』

内閣府・文部科学省・厚生労働省（2013）「子ども・子育て関連3法について」

文部省（1989）「幼稚園教育指導書　増補版」101頁

文部省（1998）「幼稚園教育要領」13頁

文部科学省（2008）「幼稚園教育要領」14頁

文部科学省（2017）「幼稚園教育要領」5 - 8頁

文部科学省（2017）「小学校学習指導要領」21頁／国語：39頁／算数：92頁／音楽：125頁／図画工作：134頁／体育：154頁／特別活動：188頁

注

1）内閣府・文部科学省・厚生労働省（2014）「子ども・子育て関連3法について」https://www8.cao.go.jp/shoushi/shinseido/law/kodomo3houan/pdf/s-about.pdf。

2）日本保育学会編（2016）『保育学講座②　保育を支えるしくみ―制度と行政』東京大学出版会，40頁。

3）内閣府（2018）「幼児教育の無償化に係る参考資料」https://www8.cao.go.jp/shoushi/shinseido/outline/pdf/free_ed/child_sanko.pdf。

4）文部科学省（2009）「幼児教育の無償化（中間報告）」https://www.mext.go.jp/component/b_menu/shingi/toushin/__icsFiles/afieldfile/2009/05/27/1267537_2.pdf。

5）内閣府「幼児教育・保育の無償化の主な例」https://www8.cao.go.jp/shoushi/shinseido/musyouka/pdf/musyouka2.pdf。

本章の課題

1．保幼小連携の必要性をまとめ，自分が今までに経験した交流活動をとつなげてみましょう。

2．幼児教育・保育の無償化の具体的な内容について，保護者・対象施設それぞれの視点から考えてみましょう。

第12章
学校・園の評価と課題

　「評価」というと，「第三者による評価」というイメージがありますが，学校や幼稚園・保育所の評価は，「自己評価」が基本であり，評価というよりも「振り返り」といったほうがあてはまるかもしれません。評価の目的は，「子どもたちにとってよりよい教育・保育活動の実践」，別のいい方をすると，「子どもたちが楽しい学校生活，園生活を過ごすことができて，必要な力を身につけることができること」です。本章では，学校や幼稚園・保育所が目的を見失わないでしっかりと振り返りをすることで，よりよい教育・保育が実現するための評価の仕組みについて学びます。

1．学校評価システム

　教育基本法の改正に伴い，2007年6月に学校教育法の一部改正が行われ，学校評価の実施などに関する総合的な根拠が規定された。

学校教育法
第四十二条　小学校は，文部科学大臣の定めるところにより当該小学校の教育活動その他の学校運営の状況について評価を行い，その結果に基づき学校運営の改善を図るため必要な措置を講ずることにより，その教育水準の向上に努めなければならない。
第四十三条　小学校は，当該小学校に関する保護者及び地域住民その他の関係者の理解を深めるとともに，これらの者との連携及び協力の推進に資するため，当該小学校の教育活動その他の学校運営の状況に関する情報を積極的に提供するものとする。
※これらの規定は，幼稚園（第28条），中学校（第49条），高等学校（第62

条），中等教育学校（第70条），特別支援学校（第82条），専修学校（第133条）及び各種学校（第134条第2項）に，それぞれ準用する。

2007年10月には学校教育法施行規則の一部改正により，自己評価・学校関係者評価の実施・公表，ならびに評価結果の設置者への報告に関する規定が示された。2008年には，文部科学省より「学校評価ガイドライン」が発表された。

学校評価のねらいは，以下の3点である（文部科学省，2008）。

1）学校として目指すべき重点目標を設定し，その達成状況や達成に向けた取組の適切さ等を評価することにより，組織的・継続的に学校運営を改善する。
2）自己評価及び保護者など学校関係者による評価の実施・公表により，適切に説明責任を果たすとともに，保護者や地域住民からの理解と参画を得ながら，学校・家庭・地域の連携協力による学校づくりを進める。
3）学校評価の結果を踏まえて，教育委員会などが，学校に対する支援・改善を行うことにより，教育水準の保証・向上を図る。

学校教育法施行規則
第六十六条 小学校は，当該小学校の教育活動その他の学校運営の状況について，自ら評価を行い，その結果を公表するものとする。
2 前項の評価を行うに当たっては，小学校は，その実情に応じ，適切な項目を設定して行うものとする。
第六十七条 小学校は，前条第一項の規定による評価の結果を踏まえた当該小学校の児童の保護者その他の当該小学校の関係者（当該小学校の職員を除く。）による評価を行い，その結果を公表するよう努めるものとする。
第六十八条 小学校は，第六十六条第一項の規定による評価の結果及び前条の規定により評価を行った場合はその結果を，当該小学校の設置者に報告するものとする。

図12-1は学校評価の実施手法を示している。「自己評価」ならびにその結果の公表は義務であり，PDCAサイクルに則って実施される。「関係者評価」は自己評価に対する評価を，保護者などの学校関係者が評価するもので，努力義務である。

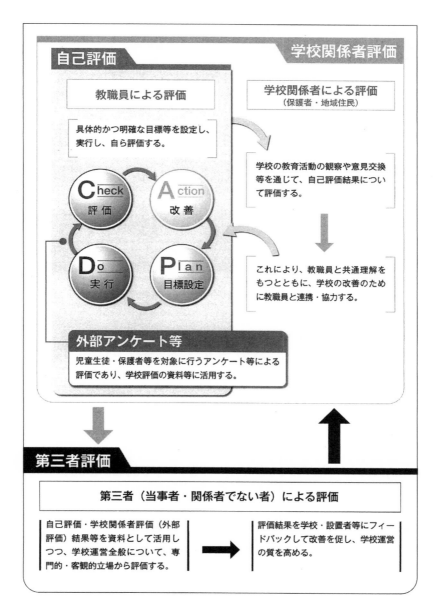

図12-1　学校評価の実施手法

出典：文部科学省（2008）

アンケートは義務ではないが，自己評価を行ううえでの資料となることから，実施が推奨されている。また第三者評価は，学校運営全般について客観的かつ専門的立場から評価を行うものである。

2．幼稚園・保育所評価

（1）幼稚園における評価

学校評価とは，子どもたちがよりよい教育を受けられるよう，その教育活動などの成果を検証し，学校運営の改善と発展をめざすための取り組みである。このことは，学校教育のスタートである幼稚園においても同様である。子どもの実態や教職員・保護者・地域などの願いを込めて定めた教育目標に照らし合わせて，教育活動が十分に目標達成できているかを検討し，その結果に対して改善策を立てることである。生涯にわたる人格形成の基礎を培う重要な時期である幼児期に，どのような教育・保育がなされているかという質の保証が求められるのは当然のことである。

① 評価が必要となった背景

学校評価が重要視されるようになった背景には，「ゆとり教育」への不安や，いじめ・不登校・学級崩壊など学校運営にかかわる諸問題に対して，学校現場だけでは解決しきれなくなったということがある。そのため，学校自らが教育活動を振り返る機会や，保護者や地域の不安・不満を受け止めつつ，ともに考えていく仕組みが必要となったのである。

そこで，2002年3月に義務教育である小・中学校設置基準が定められ，そのなかに「学校の自己点検・評価の実施」が努力規定として盛り込まれた。学校教育である幼稚園においても，同時期に幼稚園設置基準に自己評価の実施とその結果の公表，保護者等に対する積極的な情報提供が明記された。

その後，学校教育法の改正により，学校評価については，学校教育法第42条（幼稚園については，第28条により準用），学校教育法施行規則第66～68条（幼稚園については，第39条により準用）に次の内容が定められた。

> ・教職員による自己評価を行い，その結果を公表すること。
> ・保護者などの学校の関係者による評価（学校関係者評価）を行い，その結果を公表するように務めること。

　幼稚園に関する法令で，小学校等に準用するという表記が多い。この「準用」という法令用語は，ある事項に関する規定を類似の事項についても必要な修正を加えて当てはめるというもので，条例が増えるのを防ぐために行われている。つまり，ここでは幼稚園も同じ内容であることを示している。

② 評価の目的

　子どもをとりまく環境の変化を捉え，近年ではとくに，就学前保育・教育施設の量的拡大に対応して，質の確保・向上が問題視され，園における評価はますます重要となっている。

　幼稚園における評価の目的は，以下に示すことにある。

> ・各園が，自らの教育活動その他の園運営について評価することで園の課題を明確にし，組織的・継続的な改善を図る。
> ・評価の実施と結果の公表・説明により家庭や地域に対する説明責任を果たし，信頼される開かれた園づくり進める。

　このことにより得られる成果は，次の2点である。

> ・日々の保育実践の改善を図るとともに，子どもの育ちや学びをとらえて幼児理解を深め，自らの保育の長所や課題に気付くことにつながるため，専門性の向上につながる。
> ・園の自己評価を実施し，結果の公表に努めることは，園の保育の質の向上だけでなく，園内の活性化につながり，園への信頼につながる。

③ 幼稚園における評価の特性

　幼稚園における「園評価」は，小・中学校とまた違う特性を捉えたうえでの評価を実施し，教育の質を保証し，向上を図ることが求められる。

■幼稚園教育の基本は，「環境を通して行うもの」であること

　小学校以降の教科学習と違い，幼児は環境に自発的にかかわる遊びのなか

で学んでいる。そのため，幼児期にふさわしい生活が展開されているか，遊びを通しての総合的な指導がなされているか，一人ひとりの特性に応じた指導が行われているかなどが評価の視点となる。

■ 幼稚園教育は義務教育ではなく，また私立幼稚園が多いこと

　幼稚園教育は，「幼稚園教育要領」という国の定めた教育内容に則り行われているが，設置主体はさまざまで，その建学の精神や教育目標のもとに運営され，保育も展開されている。就園するかどうかも含め，保護者が判断・選択する部分は大きいので，保護者への理解を得るため，そして協力を求めるためには，説明責任を果たすことが重要となる。

④ 評価の内容

評価には，下記に示す3つの形態がある。

【自己評価】
・自己評価は，園長のリーダーシップの下，当該学校の全教職員が参加し，設定した目標や具体的計画等に照らして，その達成状況や達成に向けた取組の適切さ等について評価を行う。その内容としては，教育目標，保育環境，安全管理，子どもとの関わりなど保育そのものだけでなく，保護者対応，地域との連携等幅広い視点で行われている。教職員は自己評価することで，自分の保育や協働性を振り返ることができ，保護者からの自己評価からは，園の教育活動への理解度とともに信頼度も見ることができ，改善への糸口となる。

【学校関係者評価】
・学校関係者評価は，保護者，地域住民などにより構成された委員会等が，その園の教育活動の観察や意見交換等を通じて，自己評価の結果について評価することを基本として行う。自己評価の集計・分析・結果，それに対する課題への対応を提示し，その内容とともに，園の評価の甘さ，厳しさをチェックしてもらうことができる。園の抱える課題を共有し，相談役・応援団としての役割を果たしてもらうことができる。

【第三者評価】
・第三者評価は，その園に直接関わりをもたない専門家等の第三者が，自己評価及び学校関係者評価の結果等も資料として活用しつつ，教育活動その他の学校運営全般について，専門的・客観的（第三者的）立場から評価を行う。
・幼稚園の場合は規模が小さいため，第三者評価まで行われないことも多い。

⑤　幼稚園のかかえる課題

　評価の信頼性・妥当性を考えたとき，その設問や分析で実態把握が十分にできるかどうかを常に念頭におくことが必要である。改善策に具体性があるかどうかも，今後の協力体制や信頼性につながる。また，園評価を実施していても，その公表に透明性がなければ実施している意味はない。"いつ，どのような方法で何を，誰に対して"ということも含めたものが評価である。

　私立の多い幼稚園では，小学校以降に比べ，園評価の実施率が低い。学校教育のスタートである自負のもと，全園が評価を行い，幼児教育の質の向上を図ることが重要である。

　園の評価は，年に一度，または数回のことなので，園長等がすることというイメージをもちやすい。しかし，園の評価の基盤は，日々の保育である。計画・実践・反省・評価・改善という PDCA サイクルにより日々の保育の質を高めつつ翌日の保育につなげていく教職員一人ひとりの意識が大切である。

（2）保育所における評価

①　評価が必要となった背景

　保育所の評価には，社会福祉サービスの視点である「第三者評価」と子どもの保育に対する「自己評価」の2つの流れがある。

> **社会福祉法　第八章　福祉サービスの適切な利用**
> （福祉サービスの質の向上のための措置等）
> 第七十八条　社会福祉事業の経営者は，自らその提供する福祉サービスの質の評価を行うことその他の措置を講ずることにより，常に福祉サービスを受ける者の立場に立って良質かつ適切な福祉サービスを提供するよう努めなければならない。
> 2　国は，社会福祉事業の経営者が行う福祉サービスの質の向上のための措置を援助するために，福祉サービスの質の公正かつ適切な評価の実施に資するための措置を講ずるよう努めなければならない。

　つまり，福祉施設事業である保育所は，福祉サービスの向上のために第三者

評価を受けることの検討が学校評価の法令化とほぼ同時期に始まっている。
2005年には，「福祉サービス第三者評価基準ガイドラインにおける各評価項目
の判断基準に関するガイドライン（保育所版）」「福祉サービス内容評価基準ガ
イドライン（保育所版）」が出され，保育所における第三者評価基準ガイドラ
インが示されている。

　いっぽう，保育所における自己評価に関しては，2008年3月に告示された
保育所保育指針において，「保育の内容等の自己評価」として，保育士等に保
育実践の自己評価とその結果の公表に努めることが明記された。

保育所保育指針　第1章　総則　3　保育の計画及び評価
（4）保育内容等の評価
ア　保育士等の自己評価
（ア）保育士などは，保育の計画や保育の記録を通して，自らの保育実践を振り
　　返り，自己評価することを通して，その専門性の向上や保育実践の改善に努め
　　なければならない。
（イ）保育士などによる自己評価に当たっては，子どもの活動内容やその結果だ
　　けでなく，子どもの心の育ちや意識，取り組む過程などにも十分配慮するよう
　　に留意すること。
（ウ）保育士等は，自己評価における自らの保育実践の振り返りや職員相互の話
　　し合いを通じて，専門性の向上及び保育の質の向上のための課題を明確にする
　　とともに，保育所全体の保育の内容に関する認識を深めること。
イ　保育所の自己評価
（ア）保育所は，保育の質の向上を図るため，保育の計画の展開や保育士などの
　　自己評価を踏まえ，当該保育所の保育の内容等について，自ら評価を行い，そ
　　の結果を講評するように努めなければならない。
（イ）保育所が自己評価を行うに当たって，地域の実情や保育所の実態を即して，
　　適切に評価の観点や項目等を設定し，全職員による共通理解をもって取り組む
　　ように留意すること。
（ウ）設備運営基準第36条の趣旨を踏まえ，保育の内容等の評価に関し，保護者
　　及び地域住民等の意見を聴くことが望ましいこと。

　これを受け，「保育所における自己評価ガイドライン」も厚生労働省から示
され，保育所保育の質の向上をめざしている。

②　評価の内容

　保育所は幼稚園と違い，３歳未満児も在園し，過ごす時間も長い。つまり，子どもたちにかかわる職員も複数担任がチームで保育を行っている。勤務している職員よりも子どもの在園時間のほうが長いので，一人の子どもに朝から夜まで大勢の職員がかかわることになる。この実態をふまえた保育所の評価の内容としては，幼稚園の視点に加え，幼い子どもが長時間過ごす安心・安全な物的・人的環境であるかも必要となる。

　このように幼稚園と保育所は，行政管轄が異なり評価制度の根拠となる法令や政策も異なってくる。幼稚園における学校評価においては，自己評価が義務化されているのに対し，保育所における自己評価は努力義務となっている。また，保育所においては「学校関係者評価」に対応する評価はない。

　しかし，違いはあっても，評価の目的は「子どもたちにとって，よりよい教育・保育の実現」であり，目の前にいる子どものためであることに違いはない。幼稚園も保育所もそれぞれのよさを生かしつつ自分に足りないものを学び，就学前の子どもたちの教育・保育にたずさわるものとしての資質向上をめざしていくことが求められる。

参考・引用文献
厚生労働省（2008）「保育所保育指針」
厚生労働省（2009）「保育所における自己評価ガイドライン」
文部科学省（2008）「学校評価―学校評価ガイドライン［改訂］」

本章の課題

1. 学校評価におけるアンケートの意義を考え，どのようなアンケート項目が必要であるか考えてみましょう。
2. 幼稚園と保育所の評価について，共通なことと違うことをまとめましょう。

［編著者］

星野　敦子 ［1・2章，4章1節，5章1・2・3節，6章1・2・3・6節，7・8・9章，10章1・2節，12章1節］
　　十文字学園女子大学副学長・教育人文学部児童教育学科教授，地域連携共同研究所所長，博士（学術）

［著　者］

桶田ゆかり ［6章4・5節，10章3節，11章3節，12章2節］
　　十文字学園女子大学教育人文学部幼児教育学科教授，教職修士（専門職）

近藤有紀子 ［3章，4章2・3節，5章4・5・6・7節，11章1・2節］
　　十文字学園女子大学教育人文学部幼児教育学科助教，修士（教育学）

「共創の時代」の教育制度論
―幼児教育・保育から生涯学習まで―

2021 年 9 月 10 日　第 1 版第 1 刷発行
2024 年 1 月 20 日　第 1 版第 3 刷発行

編著　星野　敦子
著者　桶田　ゆかり
　　　近藤　有紀子

発行者　田 中 千 津 子　〒153-0064　東京都目黒区下目黒3-6-1
　　　　　　　　　　　　電話　03（3715）1501 (代)
発行所　株式
　　　　会社 学 文 社　FAX　03（3715）2012
　　　　　　　　　　　　https://www.gakubunsha.com

ISBN 978-4-7620-3097-0